U0551760

不只是旅行

把每一次上路，走成一張內在地圖

柚子甜／圖．文

這不是一本旅行指南，而是一場回到內在的返鄉之旅，是讓人透過旅途看見自己、找回安全感與自由感的生命筆記。在柚子的字裡行間，我看見旅行成為一種覺察的修行。身為整理師與財務規劃師，我深深共鳴於她讓「內在富足」走在物質之前的智慧與溫柔。

——《財富自由的整理鍊金術》作者　整理鍊金術師小印

柚子甜說旅行

每個人踏上旅程的理由，不一定都是光明的。但只要能讓坐困愁城的人喘口氣，旅行就有它的意義。

盡力活出夢想的頻率，其實就是在跟老天呼喚：「這是我想要的，請給我更多。」

有些屬於生命本能的需求是無法取代的，例如「連結」的需求。

注意力在哪裡，能量就流向哪裡。注意力收攝回自己身上，能量自然形成一層穩定的保護罩。

我要解開名為「別人怎麼看我」的鎖鏈，放這樣活了一輩子的自己自由。

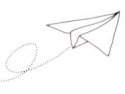

真正感受過「人會死」的人，其實更渴望的是深刻地活著。

慎選一起踏上旅途的人。過程中學著不委屈，就算計畫偶爾不圓滿，內心還是可以很滿足。

只要散發著友善的頻率和對世界的好奇心，就是一種最好的邀請——頻率本身是一種觸媒，甚至超過言語。

好好生活，好好調養身心頻率，時常練習覺察，你也會漸漸成為能轉化壞運氣的人。

旅人在旅途中，會變得堅強又脆弱。被迫放下舒適圈的資源和控制力，把自己拋在需要他人的地方；卻從一次次地敞開中，又變得更加柔韌與圓滿。

目錄 CONTENTS

前言／歸巢儀式：旅行對我來說，到底是什麼？

從疲憊的旅行中回到家，你第一件事會做什麼？東西放著，洗手換衣服，找熟悉的食物吃，或者先好好洗澡、好好睡個覺？

很早以前我意識到，自己有一套「歸巢儀式」。

無論是白天歸國，還是深夜返家；無論是剛結束一整個月的旅居，或單純兩天一夜的小旅行。這套「歸巢儀式」必定在我回到舒適圈後，洗手換衣服，上個廁所，立刻發作。

我會把行李箱打開，裡面的髒衣服全數拉出來，分成深色一堆淺色一堆，抱進洗衣機，讓它們和泡沫盡情翻攪。隨即拎著盥洗包進浴室，牙刷牙膏擺回架子、隱形眼鏡藥水緊挨在側。打開浴櫃，髮箍和眼鏡塞回原處，再砰地一聲關上門。

走回行李箱蹲下，一一拿起雜物：筆電、手機、閱讀器、耳機、充電器、筆記本、腳架、拖鞋、水壺、防蚊液、遮陽帽等等，來來回回地折返幾次，填回它們在家裡本來的位置。快沒電的3C產品也像緊急輸血一樣，一件一件接上電源。

最後終於噓一口氣，我會拿罐酒精，把行李箱裡裡外外噴一遍，再拎著它爬上椅子，推回櫃子最頂層。我的「歸巢儀式」才終於告個段落。

曾經有幾次我疑惑，這種幾近「歸位強迫症」的行爲，背後動機到底是什麼？明明舟車勞頓後，身體最需要的是休息，也沒有急著使用行李箱裡面的東西。但無論飛了多少小時、最後幾點到家，我都非得把這些東西歸位，才覺得完美結束了旅程。

在某一次「歸巢儀式」中，我仔細地覺察內心。赫然發現，急著把生活塞回刻度內的我，其實是在尋求一種「安全感」。

旅行，畢竟是打破舒適圈的行爲。旅途上有太多不確定性，有太多的妥協。常常累了沒有床躺，只能先將就坐路邊歇口氣。餓了沒有合胃口的食物，只能隨意買點零食果腹。高敏感族在新環境不易入睡，半夜突然有陌生聲響，都能讓我心臟狂跳。門口經過的腳步聲，也會讓我焦慮，想著門鎖是否有確實鎖上。

那短則幾天，長則數週的時間裡，好吃好睡常常變成一種奢求。**探索世界的成本之一就是「忍耐」**，但這份忍耐，也讓我爲數不多的安全感，在旅途中一點一滴流失殆盡。

我的歸巢儀式，就是在名爲「旅行」的失控後，將生活納回「安全」的心理儀式。回到家那一刻，看著四周原本住膩的環境，將行李箱四散的東西，一件件安放回恰如其分的位置，都會心滿意足地，發出那句陳腔濫調的嘆息：「還是自己家最好。」

只不過這個「蜜月期」，通常不過三五天。過了一段時間，我又會開始覺得一切都理所當然，再度看見生活的不美好之處。一下注意小地方沒保持乾淨，一下厭煩台北的天氣陰冷濕雨。一邊抱怨都市裡的噪音遍布，能量雜亂，一邊用力甩上氣密窗。吃外食抱怨東西貴、買食材又嘆氣超市蔬果無滋無味。嫌棄都市屋子太小像牢籠，住處離大自然好遠，路上車子好急躁。

於是幾天前，還在喟嘆舒適圈的美好。**但當「安全」回來了，我又開始嫌棄自己不「自由」。**

那時候，我會非常想念旅行時的自己——自由到常常只訂了交通和旅館，其餘什麼都不規劃，到當地再見招拆招。很多事情可以不計較、怎樣都可以、遇到困難也樂呵呵地面對。

吃到不好吃的東西？沒關係，當作是一種特殊體驗。遇到很差勁的服務？回去當笑話和朋友說。遭遇到驚險的事？天啊，我竟然能挺過來，我超強的！

在「旅行」這種特殊條件下，人很容易變得豁達。遇到倒楣事也可以當作新鮮事，安慰自己：「反正很快就回去了」、「就當一次經驗」，不會像平常一樣斤斤計較。

但是說穿了，這種「不計較」、「怎樣都可以」的豁達，只是透過「忍耐」包裝出來的「假性自由」。因此過程中，安全感還是一點一滴地被消耗。

幸運的是，當耗損殆盡時，人也差不多要回家了。於是一回到舒適圈，立刻就透過「歸巢儀式」，去挽救那份破碎不堪的安全感。

我想我明白了：

我喜歡的不是旅行，而是看似「自由」的自己；我眷戀的也不是回家，而是感到「安全」的瞬間。

但是，這種建立在「因爲是旅行」而不計較的「假性自由」，眞的是我要的嗎？

而被旅途消磨殆盡，回到舒適圈的「假性安全」，又是我追求的嗎？

我隱約感覺這兩個都不是眞的，但我卻不知道該怎麼辦。

於是，我繼續上路。

因爲這不只是旅行，也是我整個人生的困惑——我總是在一個地方待久了就厭倦，但當我奮不顧身地掙脫後，過一陣子又會渴望歸巢。我總是躁動地追求什麼，一再地衝向遠方，過一陣子又返回舒適圈療傷，卻覺得哪裡都不是家。

這份擺盪不安，背後究竟是什麼？如果渴望靈魂上的安頓，我應該要再追求更多，還是該學會放手？這一切騷動的背後，是不是有什麼盲點我沒看透，需要再去挖掘和探索？

我帶著一團迷霧上路，不知道在旅途中會遇到什麼，有多少執念等著被擊碎，又有多少美好等著我遇見。

但至少我確定，**旅行，是我從泥沼中跳脫，旁觀自己的機會**。每次歸來，我都會更接近答案。這本書，就是我帶著「覺察」去旅行的筆記。

最後，儘管這本旅行書的起源，是一場內在追尋，但在過程中也有不少好地方，帶給我幸福與珍貴回憶。因此我在每個旅行地點後面，都盡可能附上口袋名單，希望也能成爲你旅途中的亮點。

列在清單上的，是我去過而且很喜歡的地方。沒在上面的不代表不喜歡，可能是沒去過、當時還沒有這個點，或是時間隔比較久沒記下來。因此這份清單外，一定還有很多很棒的地方等待被發掘，讓我們一起去探索吧！

1 ｜新北投

享受富足的關鍵，不在金錢

在這篇開始之前，我想先聊聊我受的教育。

我大學念的是商學院，求學氛圍極度鼓吹畢業後摩拳擦掌，爬向高收入的金字塔頂端。金融史上幾個賣弄手腕，巧取豪奪而獲得鉅富的投機分子，周遭許多人談起時，口氣是帶著豔羨，而非鄙視。

你可以說是一群沒被社會洗臉過的羔羊，不曉得豺狼虎豹的厲害。被保護在溫室裡，讀著總體經濟學，就以爲自己是聯準會[1]主席運籌帷幄。加入證券金融類的社團，夏令營時對著台下另一群更菜的高中生，口沫橫飛地講解股市黃金交叉和死亡交叉，就以爲自己贏在財富的起跑點。

其實小時候，我家裡經濟並不寬裕。跟很多人的爸媽一樣，想買什麼都會被說「浪費」、「那是人家有錢人在買的」、「我們買不起」。可能也因爲這樣的拮据，發財夢作得更勤，幻想畢業後只要好好工作、努力理財，五年十年一定可以兌現出奢華的人生。到時候我會有自己的房子，想要什麼都買得起，刷卡時還會高傲地抬起下巴道 "I work hard. I deserve it."（我努力工作，這我應得的！）

但事實是，這一切都沒有發生過。

畢業後雖然在職場上打滾過幾年，甚至當上我嚮往的國外業務。但也恰好在進入職場沒多久，我因爲接觸身心靈療癒，和內心對話的時間越來越多，也對內心的感受越來越無法忽視。最後一份工作，甚至沒待超過一年就斷然離職，再也無法承受過著身心分離的生活。

離職後各種因緣穿針引線，我最終沒有重回職場，還以「柚子甜」這個筆名成爲專欄作家。接著被出版社簽下來出書，也從事身心靈工作，以「個人創業」之姿存活至今。雖然日子也過得還算愜意，但我卻慢慢意識到，自己離當初夢想的富裕生活越來越遠了——尤其創業初期沒有收入，消耗了不少過去的存款。事業上軌道後，我又堅持當個體戶，養得活自己就好，不想規模化或找團隊，不然

1. 聯準會（Federal Reserve System，Fed）全名為美國聯邦準備系統，是美國的中央銀行體系。

又會爲了現金流賣命給工作。

一人飽全家飽，當然很好，但缺點是你不去工作的時候，收入就是零。結果就是，收入可能過得上小日子，但也終究發不了大財。

＊　＊　＊

有段時間我受困於這個現實，並且對自己感到不滿。難道繞了一圈，我的日子還是只能過著普通而將就嗎？在台北這個居住大不易的地方，如果不想賣命賺錢，是不是就與好日子絕緣呢？

某次在北投小旅行的時候，我意外參透了這個問題的答案。

來到新北投散步泡湯的人，想必很難忽略那棟矗立在草坪後方，融合日式與英式鄉村的三級古蹟：北投溫泉博物館。前身是日治時期的豪華公共浴場，日本裕仁太子訪台時也曾經來此。當年來這泡湯可要價不菲，雖然浴場的磁磚已斑駁，但一樓的圓拱型窗戶與彩色玻璃、二樓寬敞的和室與老木頭地板，連樓梯扶手都有檜木香，隔了百年仍嗅得出當時往來客人的身分地位。

北投溫泉博物館

當天陽光熾盛，我在建物裡晃蕩偷個清涼，貪看著彩色玻璃篩過鮮麗的光影。拎著寬褲低頭下樓時，瞥見連扶手的支柱底部，這麼不起眼、平常打掃都容易忽略的地方，都有被細緻刻上雕花。我暗自感嘆：當年到底要多有錢的人才能來這邊消費啊？如果生在那個時代，我鐵定沒有這種財力來這邊享受和風之美吧。

「但我現在不就在享受了嗎？」腦中突然這樣問著自己。

我現在看在眼裡的，和當時有錢人看到的雕花、木頭、窗景有什麼不同？難道會因爲我沒錢，映在視網膜的倒影、享受的愉悅就降低了嗎？不會啊。

甚至我可以說，如果當時的富家子弟，抱著滿腹的煩惱心事來這裡泡湯散心，即使消費得起當時最奢侈的娛樂，大腦也都上了層蒼白的濾鏡，看什麼都平淡乏味。但此刻的我爽朗如夏，看什麼都清朗，即使我沒花半毛錢進來這裡，卻是貨眞價實地享受奢侈的富足。

我曾經在《請問財富》[2]這本書上讀到這段話：「錢的多寡跟營造富足感沒有關係，一百塊也可以很有富足感。喝一杯咖啡也可以感覺很開心，這無關乎身分。」

過去的我之所以不滿，是因爲受困於「有錢才能買更好的物質，有更好的物質才能感覺更富足」的執念，但事實眞的是這樣嗎？前者也許是對的，一分錢一分貨，冬天有錢人能買薄如蟬翼、貴如黃金的喀什米爾羊毛，小資只能買混紡搭配羽絨衣保暖。但整櫃塞滿喀什米爾羊毛的人，眞的有比穿混紡的人，能感到更多富足嗎？也許第一時間肌膚的觸感確實有落差，但更可能的是，他們早就因爲理所當然而麻痺了，生活也被緊張的工作壓得喘不過氣，反而更沒有餘裕感受物質帶來的滿足。

「用很低價的方式，也可以和有錢人一樣的享受。去看一場名家的畫展、去海邊散步，在一個黃昏的下午，和你所愛的人牽手漫步在沙灘。這些事看起來很平凡，難道有錢人就不做嗎？不會！難道窮人就不可以做這些事嗎？依然是可以的！」——《請問財富》

身心靈也認爲財富很重要，但並不把「金錢」和「富足感」混爲一談。「富足感」才是終極目標，金錢只是獲得富足感的其中一種媒介。

如果一個人沒有能力感受到富足，那囤積金錢、看上任何東西，信用卡一刷就能帶走也毫無意義，靈魂依舊在購物車裡乾枯。如果感受富足的能力極高，那

---

2. 宇色Osel著，橡樹林出版（二〇二〇年8月）。

普通的財力就能享受到同樣的富足感。甚至到了這個境界，很多人會發現賺錢也同步變得輕鬆——因爲在富足頻率中，更容易吸引到好機會，他們也對這些機會取之有度，當然更能長久地經營財富。

於是在這趟新北投的旅程，我和過去那份糾結的渴望和解了：我不需要成爲那個財富自由的女菁英，我想要成爲「隨時有能力享受富足」的自己。

北投口袋名單

・新北投車站・北投溫泉博物館・北投圖書館・地熱谷・阿婆甜不辣

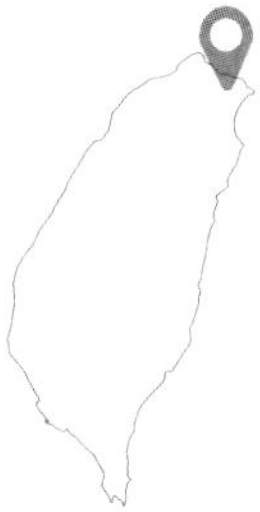

2 瑞芳

你認爲的簡單，對他是量身訂做的牢籠

在出發前往瑞芳前幾天，我整日像座活火山。原因無他，當時疫情再度升溫，居家隔離把上班族家人，二十四小時栓在只有離我幾步的距離。畢竟血脈相通，雙方個性皆稜稜角角，於是家裡處處岩漿，任何小事都能點火。

據說這場全球瘟疫擊碎了很多婚姻。各忙各的夫妻原本表面融洽，一旦居家隔離強制相處，裂痕再也無法隱藏而崩壞，解封後紛紛簽字離婚。我倒不認爲這是悲劇，人過了一定的年紀，個性往往很難改，並不是誰的「錯」。如果雙方又在沒有足夠的自覺和尊重下，硬是以「家人」之名強迫相處，衝突反而是「正常」。想想如果連原本自己挑的、眞心愛過的伴侶，都能因爲距離太近而翻臉，更何況不是自己挑選、從小到大相處又充滿課題的家人？

但再怎麼「正常」，這也是我終於忍無可忍的「日常」。

當時我只渴望從兩坪大的房間逃出，暫停只要一開房門就會踩到火藥的日子，所以選了一個離台北很近，又不算熟悉的新北小鎮——瑞芳。

即將啓程的那幾天，家人和我都壓力大到像充飽氣的河豚，隨時一點小事都能讓兩顆球互刺。每次我都在遍體鱗傷躲回房間之後，安慰自己說：「快可以去旅行了、快可以去旅行了。」叨唸咒語就像畫一道護符，屏蔽自己受困的事實。

但某天我又在這樣說服自己的時候，突然浮起一個問題：**「我這樣是在靠旅行逃避嗎？」**只要一被衝突的火藥燙傷，就把頭埋到對旅行的期盼、躲去規劃行程轉移注意力，這樣難道跟工作一受氣，就埋進手機裡逛網拍有不一樣嗎？

可是當一個人的所有能力都用盡了，還是無法解決問題的時候，除了幫自己安排一個解壓的出口，好像沒有更好的方法。雖然對於受困於課題的人，身邊隨便一個旁觀者好像都能給予無比睿智建議：「你就不要理他就好了」、「你就做自己的事就好」。甚至還會疑惑：「這麼簡單你爲什麼做不到？」

但「課題」之所以叫課題，在於針對每個人的弱點量身訂做。即便是平常呼風喚雨的人，面對課題現身時也只能狼狽地被壓著打。對外人來說一剪就破的漁網，對當事人來說是掐進肉裡的鐵線。掙脫不是不可能，但需要做長期的內在功課，那是一場孤獨而辛苦的修行，外人看起來再簡單、再「睿智」的建議都沒有用。

在那之前，爲自己爭取一些餘裕，儲存繼續走下去的力量，也是一種可行之道。表面上和逃避沒什麼不同，但深探動機，我認爲更像是「養神」。

過去我有些朋友，遇到生命中的課題，我也曾經當過那個心急的人，想將他們拖出來。朋友遇到慣老闆，我會義憤塡膺地說，醒醒吧，你就算病倒了老闆也根本不在乎，爲什麼還要擔心受怕不敢離職？朋友遇到惡質伴侶，我會搖醒她說，拜託，他只是想靠羞辱來控制你而已，爲什麼還要幫他講話？朋友被爸媽毫無節制地伸手要錢，我會拍桌子問，爲什麼爸媽勒索你要錢你就一定要給？你都窮到要借信貸了！爲什麼哥哥都可以推託不照顧家裡，你就得任勞任怨賠上工作還被嫌？叫他一起下來負責啊！

講著講著會自己氣得半死，恨不得跟他們暫時交換靈魂，代替他對這些人拍桌子咆哮爭權。以前會覺得是這些人蠢，明明都很簡單的事，方法也都告訴你了，道理你也清楚，爲什麼就是做不到？

現在才知道是自己蠢。那些課題對「我」來說很簡單，對當事人而言，眞要做時卻宛如剪斷炸彈的引線。他們的成長環境、內在邏輯，都讓他們嘗過剪斷那條線的傷害。也許不是實質傷害，更多的是自我價值感、經濟的安全感、內心的依靠感等等受傷，因此不敢貿然行動。

就算被身邊的人推著行動了，也會因爲當事人打從心底認爲「這樣做不好」（例如人就是該無條件孝順、手足需要錢就是該給、女生就是要以家裡爲重、對方沒犯大錯就不該主動分手），於是做了之後又不斷地責怪自己，甚至因爲想彌補，又回頭和課題糾纏，不斷陷入惡性循環。

於是我明白了：**那些看起來「簡單」的問題，只是旁觀者認爲簡單。對當事人來說，卻是一座量身訂做的牢籠，其沉重只有自己刻骨銘心。**

在人生的某個階段，我們都當過被課題纏住，動彈不得的人，在努力到不知如何再努力的同時，選擇休息暫離——例如去旅行，都是沒關係的。

如果懷疑自己是不是在逃避，想靠旅行忽視課題，不妨問問自己：「我透過這件事，是要讓自己更有力量繼續處理呢？還是暫時麻痺不舒服，回來之後依舊會繼續忍受？」

新村芳書院，與自己買的澎湃早餐。

「逃避」和「養神」會做的事或許完全一樣，但其實內在的動機完全不同。靠旅行「逃避」會讓我們失去力量，去玩了一趟回來，又繼續整天抱怨命運。靠旅行「養神」，卻能讓我們汲取力量，有朝一日成爲掙脫牢籠的底氣。

每個人踏上旅程的理由，不一定都是光明的。但只要能讓坐困愁城的人喘口氣，旅行就有它的意義。

瑞芳口袋名單

- 新村芳書院（背包客棧和書院）・龍安祠・廖建芳古厝・義方商行・輕便車軌道
- 一口酥餅舖・石讓咖啡・聽濤 Cafe

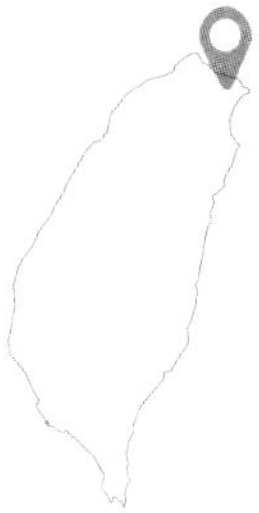

3 | 平溪線

我到底是外向還是內向？

對於自己是外向還是內向，我一直以來都很迷惑。

先不論嚴謹的心理學定義，就一般刻板印象而言，外向者好像是放到哪裡都能自來熟，跟誰都能說上兩句，朋友很多又充滿歡笑的樂天派；內向者則是比較喜歡一個人，慢熟安靜害羞，朋友只有三五個，愛思考勝於漫無目的的閒聊。

但我兩者都有，而且更重要的是：我不知道什麼時候會出現哪種面向。

大部分的時候我認爲自己是內向者，不喜歡暴露在太多人的場合，也不愛浮泛的社交喧鬧。學生時期又是被冷落的邊緣人，除了幾個比較熟的朋友之外，什麼圈子都打不進，所以安靜的時間又更多。進了職場以後，也是出了名的「上班好同事、下班不認識」，在大部分的人眼裡就是個獨行俠，下班從來沒約過，中午都一個人坐在電腦前吃便當。

但我大學去美國度假打工的時候，曾經看過自己截然不同的一面。當時我身處的環境非常熱情友善，路上隨便遇到的人，都會活潑地跟你打招呼。去餐廳或搭飛機，鄰座多半會主動跟你攀談兩句、握個手自我介紹。跟我來自的冰冷台北，大家習慣把自己縮到最小、避開他人目光就是最大的「禮貌」，有著天壤之別。

在那個環境下，瑟縮的台北小苗，短短幾個月就變成一棵自己都不認得的大樹。我變得會主動跟併桌的陌生人交談，看到店員或路人的耳環衣服很美，會揚起微笑給予稱讚。對服務不滿敢去跟上頭客訴，不會默默吞回肚裡。會積極約人見面、會表達我的喜歡、會說出自己的想法，整個人一甩憂鬱，變得爽朗自信，連我有時候跳脫出來看，都會忍不住想「這人是誰啊」，可是又覺得手腳有舒展開來的感覺，好喜歡這樣的自己。

不過，大樹離開友善的土地後，回到滿街撲克臉、眼神疏離、開心看起來很突兀的城市，底氣很快斷光光，一年後又打回原形，加入撲克臉的一員。

然而就算在台北，我也不見得隨時內向。可以一堂瑜珈課上好幾年，從頭到尾都獨來獨往，和誰都不認識。但有時候剛加入一個團體，又三五分鐘之後就滿場遊走人來瘋，到處和人熱絡。有時候旅行，可以主動揪剛認識的人去看星星。

有時候又默默拎著包包來去，像是不想引起別人注意。

如果一切都推給「緣分」當然很容易，但直到去瑞芳的旅途中，我終於破解了這層性格之謎。

三貂嶺

＊　＊　＊

當時瑞芳的一間小民宿，成了疫情期間我的國旅之地。

民宿的評價相當不錯，網友一致評論服務態度極佳，然而當我辦好一切入住手續，跟著老闆前往房間放行李時，老闆問說，有打算待幾天嗎？預計要去哪裡？我可以推薦景點給你的時候，突然反射性地想回答：不用不用不用，我自己查就好，不用麻煩，沒關係。

等等，我爲什麼要推託？在地人分享口袋名單有什麼不好，爲什麼要拒絕？抱著心中一股彆扭與疑惑，我硬是嚥下拒絕的句子，但也只是中規中矩地說，喔～可能就市區逛逛，一副「沒關係我自己來，你不用理我」的尷尬樣，像是外面築起了一層殼，連走路都僵硬起來。

可是這種尷尬並沒有維持超過五分鐘。當老闆帶著我到房間，遇到另一位同仁親切地問我要不要提行李，房間需不需要什麼的時候，那股不自在的僵硬感就逐漸褪去，鎖緊的喉嚨也突然能動了，他們離開前，我還主動開口跟他們說：「哇，房間好漂亮喔！我很喜歡，謝謝你們！對了，晚餐可以去哪裡吃？」

原來我可以從瑟縮怕生樣，瞬間切換成開朗健談貌，中間只有一個關鍵，那

就是：「感覺自己被喜歡」。

我想起爲什麼一開始會這麼膽怯。十五分鐘前我風塵僕僕抵達民宿時，可能遇到民宿老闆正在忙，我又是在非預期的期間抵達，他匆匆跑來接待我的時候，看起來有點煩躁，除了跟我要證件與尾款之外，就默不吭聲地處理事情，沒有再說多餘的話。我事先在網路上看到評價，都說民宿服務態度很好，對客人很周到等等，當下這種尷尬的沉默讓我非常不自在，反射性地問自己「我剛剛做錯什麼了嗎？」、「是我哪裡不對嗎？」、「我看起來很討人厭嗎？」

這其實是一種潛意識裡的「無價值感」：永遠都覺得自己不夠好，別人一定不喜歡自己，也因此老是在看別人臉色，依靠討好別人求生存。

有這種無價值感的人，只要感受到環境中有些微的不友善，就會覺得一定是自己的問題，要嘛想要趕快討好對方，維持對方的喜歡，比方說對方是有利害關係的人或熟人；要嘛封閉起來，躲回硬殼裡避免受傷，比方說對方是陌生人。

在入住手續那短短幾分鐘裡，我因爲「網路說老闆很友善，我卻沒得到相同待遇」的落差，而認定自己被討厭了，馬上瑟縮起來變得低調寡言。甚至被問預計要去哪裡，也因爲潛意識覺得「已經被討厭了，不要再麻煩別人了」，只想跟對方說不要理我沒關係。而後來爲什麼會戲劇性的逆轉？是因爲另一位友善的同仁加入，不但笑容滿面，還主動問我需要什麼。那個場域讓我感覺到自己是受到歡迎、被喜歡的，於是反過來主動攀談，「內向者」瞬間變爲「外向者」——甚至還有那麼一點成分，我想要用更多的健談活潑，來確保自己持續被喜歡。

過去那些經驗也豁然開朗。在冷漠的都市裡、或在沒有成就感的團體裡，我就變成極度安靜、獨來獨往的「內向者」。在熱情的文化、或在那個場合感受到被喜歡，我就會忽然變得比誰都還多話，忙著飛來飛去的交際花，甚至連陌生人都敢主動攀談。

追根究柢，我的外向和內向行爲，都極度受環境「喜不喜歡我」而決定。我會無意識地把「別人不開心」解讀爲「我很糟」、「我有責任」、「我必須做點什麼」。而別人開心，我也會解讀爲「我有義務維持下去」而過度努力表現。

這樣無論我表現內向或外向，都不是我自然的樣子，即使勉強讓身邊的人快樂，心裡也還是喘不過氣。處理這個課題的方法，其中之一就是練習「自我接納」——接受「現在這樣的我已經很好了」，一旦對自己感到自在，才能對他人的情緒產生免疫力。

鼻頭角步道看日落

雖然這是一條很長的修練之路，不過短期內，我們可以先從練習「喊停」開始。每當別人焦慮或憤怒，我又下意識地覺得「要做點什麼讓別人高興」的時候，就會有意識地對自己喊停。

光是這個「喊停」，就已經畫下一條重要的界限。不要急著解決對方的問題，不要覺得對方的情緒是你的責任，先客觀檢視一下，我剛剛真的有做錯什麼嗎？如果真的有，那就修正，甚至要道歉都行。如果不是我們的問題，那就讓對方泡在自己的情緒裡無妨，不用慌張地想讓別人高興，我們沒有必要拿寶貴的自己，去填補對方的坑洞。

這種練習，本身就會累積出一次又一次的安定。你會意識到：**原來所謂的「安定」，不是因爲你安撫了誰，換來的表面和平；而是因爲你一次次地畫出界限，允許他人在情緒裡打轉，也允許自己保持自在。**

平溪線口袋名單

・**三貂嶺**：三貂嶺步道、三貂嶺隧道、阿珠姐肉羹、寬哥那裡、Wo Gwong 禾眖（香港圖書館）・**大華**：與路咖啡廳・**望谷**：望谷瀑布・**嶺腳**：蔡家古厝、嶺腳瀑布、羊水咖啡廳

4 羅東

「不委屈」的第一步，是讓自己被聽見

旅行的本質就是一種「失控」，當你踏出家門那一步，發生所有的事都等老天擲骰子。

雖然我在旅行時很容易有幸運體質，但不可能總是幸運，還是會有些磕磕碰碰，比如說去羅東的旅行。

有些人旅行喜歡省錢，覺得白天到處跑，晚上找個地方湊合睡就是了。十幾年前我也是個可以到處睡背包客棧的人，年過三十之後，認清自己對私人空間的需求，即使是獨旅，也會盡量訂有獨立衛浴的雙人房（有獨立衛浴的單人房極少見，不在討論範圍）。但因爲一個人要扛雙人房價，難免有些吃力，因此多半選擇平價旅宿，簡單乾淨即可，圖的是一晚安靜與隱私，不作過多奢華要求。

前往羅東以前，我也事先在網路上訂了一間平價民宿。老闆待客親切，當天還沒到入住時間，房間就打掃好了，讓我提早進房休息。房內一切從簡，浴室看得出有些年紀，但對於從台北逃離繁重的工作，出來呼吸幾口新鮮空氣的我來說，窗外的田園氣息已沖淡了都市的烏煙瘴氣，肩頭也逐漸鬆軟了下來。

我呼了一口氣，抱著筆電坐上床，打算先回幾封信再說。然而當我正在彈跳著十指，往螢幕上輸入字句的時候，腦門忽然沾了幾滴清涼，下意識地一抬頭，立刻換成眼皮被噴了幾滴——冷氣竟然在漏水。

我不曉得一般人遇到這種情況時都怎麼辦。但老實說，我是個很怕衝突的人，所以除非不得已，我多半先忍耐，直到眞的沒辦法才會客訴。冷氣漏水對我來說可大可小。其一是它沒有眞的漏得很嚴重，只是時有時無的細小水珠；其二是當時正値冬天，不開冷氣其實也沒問題，當時是因爲房間很悶，我才順手開了冷氣。

再來就是，我有太愛幫別人找理由的毛病。明明是房間有問題在先，我還頻頻爲他們「換位思考」，擔心他們今天客滿、擔心沒有其他同等價位的房型可以更換。房間已經很便宜了，如果讓我換更高價位的，他們會不會覺得我在貪圖升等？加上我已經動過床鋪，用過浴室，這時候要求換房，會不會造成房務重新打掃的困擾？

因爲不想面對麻煩，所以當下決定吃下這些麻煩算了。

這個悶悶的情緒漩渦持續到晚餐，等上菜前我得了個空，當下也不知道是哪根筋不對，決定還是私訊一下老闆，跟他們說冷氣會漏水要記得修——至少我要開這個口，不要默默吃悶虧。事後我回想起來，或許是因爲很久沒休假的我，身心已經累積巨量的壓力，加上舟車勞頓的疲倦，終於掐斷了我過度的「同理心」——許多人都有這樣的經驗，過勞會導致對他人的感受不敏銳，甚至會比平常更有攻擊性來發洩壓力。

原本這不是個好現象，但是在我身上，剛好就把過度的同理心校正回來。我用平和的口氣，私訊老闆說冷氣會漏水的事，不過內心始終保持著「我只是告知，沒有想要求補償，也沒有責備，只是要表達現況」的態度。甚至我在內心做好打算，就算最終還是要睡原本的房間，那也無所謂。這個「說」，單純是想讓自己有個出口，別人要不要改變不是我能控制的，至少我有表達，已經先對得起自己。

出乎意料的是，老闆馬上打電話來道歉，說要幫我換一間空的四人房。這時候我愛面子的習氣又起來了。以前的我一定會擔心，老闆會不會嘀咕我在佔便宜，用小毛病客訴換升等，爲了證明自己的「清白」，我會連聲推託不用不用，我還是可以住原本的房間，你們等我退房再修就好。

但當時的我覺察到這股湧上的習氣，反問自己道：「你不就是想誠實表達自己的感受，才提漏水的事嗎？為什麼明明有更好的選擇，這時候又假裝不需要呢？」是啊！誠實地面對自己很開心，好好接受不就好了嗎？於是我轉個念，認真對電話那頭的老闆道謝，稱讚他們很負責任，待客很周到。當天晚上就拎著行李改住豪華四人房，房間寬敞三倍不止，當晚窩在乾爽的雙人床上，舒適地睡了一覺。

這次的經驗也讓我有另一個心靈啓發，被我錄製成一集單元〈福禍相倚的本質，其實是「平衡」〉，分享在自己的Podcast《柚子甜剁心事》，這是後話。

我身邊有許多人，遇到委屈的時候只有兩種反應：如果對方比自己弱勢，發脾氣很有機會要到補償，他們會馬上炸毛跳腳，惡狠狠地去拍桌子理論。但如果形勢比人強，抗爭可能會引來對方反擊，他們反而會縮在原地一聲不吭，找盡理由說服自己吞下委屈，但私底下又不甘心，到處找人抱怨和哭訴。

善用「不委屈」的溝通原則一：平靜地陳述現況

有幾次我問這樣的人：「你就跟對方說你的委屈呀！幹嘛要忍耐？」

他們會自暴自棄地回嘴：「說了也沒用，又不會改變結果。」或是認爲說了，對方會捍衛自己的立場，甚至反過來恥笑自己心量小，那乾脆也不說了，省得自討沒趣。

以前我也是這樣想，但我現在認爲，「說了你委屈，不說你更委屈。」委屈的事既然已經發生，不會因爲你的隱忍，傷害就不存在。既然這樣，那不如消化自己的感受，好好講出來。有些人很怕講開會撕破臉，但關鍵在於**「平靜地陳述現況」**，而不是「跳腳討回公道」。

舉我的例子來說，有些人遇到冷氣漏水，可能會打電話跟民宿發脾氣：「你們房間設備眞的很差耶！我坐在床上用電腦都淋到水了，如果壞了你們要怎麼賠我？」但遇到別人潑來負面情緒，大部分的人第一時間都只想要戰或逃，要好好思考就更難了，搞不好還認定是奧客找麻煩，先反擊你保護商譽再說。

但「平靜地陳述現況」，是指用和平的口氣，陳述發生在你身上的事實。例如「冷氣漏水了，坐在床上用電腦會被滴到」、「餐桌水瓶用完沒蓋好，我一上桌碰到就打翻了」、「晚上電視聲音很大聲，睡覺常被驚醒」。

這個原則的技巧是，平靜地訴說情況，但不主動要求對方一定要怎麼樣，只提供一個不讓人感到壓力的場域，讓對方提出他認爲合理的解決方法。除非他打從心底厭惡你，存心讓你不好過，或你們有其他的過結，不然通常都能有不錯的結果——因爲他認爲你沒有要求他，是他自己主動給的。就算對方無法解決，至少也會收到他的抱歉。

善用「不委屈」的溝通原則二：對結果保持開放

相信在執行「原則一」的時候，很多人會卡在同一關：無法心平氣和，又或者過度期待對方給我們想要的。

「我都受了委屈了，開口當然要拿到我要的東西！不然開口幹嘛？」

聽起來很合理，但弔詭的是，**往往就是這種「一定要怎樣」的心態，更讓我們拿不到想要的**。一旦有過度期待，語氣就容易塞滿情緒。我們一憤怒、對方就抵抗，結果就是兩敗俱傷，就算要到了也是對方勉強給，我們又會落回「早知道就不要說」的鬱悶。

羅東文化工場

「我開口是爲了讓自己被聽見，不是爲了要東西。」如果能調整成這樣的心態，在訴說的當下，就已經完成任務了。就算結果不好，至少內心也是輕鬆的。而人有時候就是這樣，越是放鬆無所求，態度越好，別人反而越想幫你，想要的東西不但主動提供，還覺得幫助你很有成就感，我們都見過有這樣神奇體質的人。

「我開口不是爲了要東西，是爲了讓自己被聽見。」爲了讓自己被善待，也讓別人有機會善待我們，以後我都要默默記住這句話。

羅東口袋名單

．羅東林業文化園區．宜蘭鄭記潤餅．碳個究竟早午餐

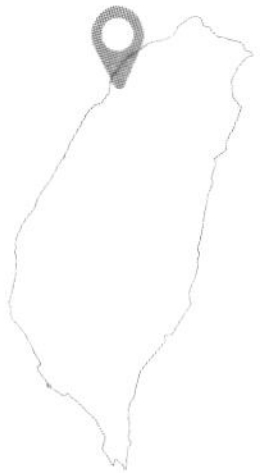

5 竹南

旅行是磨合的試金石

網路上總不乏看到朋友相偕出遊最後翻臉的例子。我自己也有數次經驗，和原本感情還不錯的朋友、甚至平常不吵架的伴侶，一旦手握機票，腳踩陌生土地，平常濃稠的感情就摻了水，忍耐力也稀釋到不足以支撐摩擦。總是有一方會在中途擺臉色，或是爲了小事動肝火。

高敏感體質平常就怕累、怕吵，因此太趕的行程跟不上，人多的地方待不久，也不喜歡漫無目的的閒聊。再加上陌生環境不易入睡，房內多個旅伴又增加了適應負擔。爲了避免爲數不多的友誼歸零，有很長一段時間，我都是獨旅愛好者。除了一個人扛餐費和住宿費成本有點高以外，倒也沒什麼不滿，甚至無法想像和其他人一起旅行，互相遷就的壓力。

也因此當旅伴加入我的小旅行時，我眞心覺得遲早會關係破滅。

中港慈裕宮

旅伴從頭到腳都是和我徹底迴異之人。我酷愛大海，他熱愛山林。我是自由派的身心靈工作者；他是苦幹實幹，坐了一輩子辦公室的上班族。我旅行喜歡睡到自然醒，再隨興查當天要去哪裡；他則是在Google Map插滿滿的「想去的地方」旗子，規劃最精實的路線攻克。我旅行完全累不得，甚至還常常回旅館睡午覺；他則熱愛能從睜眼就開始跑行程到日落。旅館對他而言，只是半夜回來洗澡睡覺的地方。

更不用說我們各自有程度不一的怪癖，例如他愛乾淨，看到我一屁股坐上草地會無聲崩潰；我是環保控，看到他老是不自備牙刷，免洗備品一個一個拆，也會在心裡無聲尖叫，但只能默默咬住舌頭，跟地球說對不起，繼續眼不見為淨地刷自己的牙。

原本以為最多不到兩次就會擦槍走火，也暗忖習慣獨旅的我，總有一天會拋下他獨自上路。結果這一天不但沒發生，步調不同的兩人還越走越起勁。我開始喜歡徒步山林，也學著在滿滿的行程裡練腳力。也因為旅伴酷愛歷史，只要有他在就等於啟動人形導覽，隨手一指路旁的老建築，都能聽到他前一天查來的老故事，算是便宜了我這個金魚腦。

旅伴的步調也逐漸摻入我的節奏。我體力不好，他就跟著睡到飽才出門。我走不了太多地方，他也練習取捨，沒有什麼是非去不可的。就連我不習慣陌生環境，旅行時很難入睡，我們也協調出由我先睡，他在旁邊安靜看書滑手機，等我睡了他才上床的默契。

我過去獨自旅行的歷史有十年以上，偶爾和當下交往的伴侶出遊，也無法將甜蜜轉移到異地，雙方經常因爲面對新環境的焦慮、想做的事沒有交集、不習慣有人同睡而淺眠，而在小事情上擦槍走火。眨眼年過三十，堆積出來的毛只有更多，卻反而在一個處處相異的旅伴上找到微妙的平衡，忍不住思考起彼此到底做對了什麼，可以支撐起天南地北的個性，最後我歸納出了一個「旅伴金三角」，其中三個頂點，分別是「理解」、「獨立」與「心意」三種黃金素質。

旅伴金三角：「理解」、「獨立」、「心意」

理解：從他人的視角看事情

我和旅伴有些特殊堅持，對彼此來說是很「掃興」的。舉例來說，我因爲排斥葷食的氣味，從小到大都是蛋奶素食者，最多可以接受吃點海鮮。一般跟朋友聚餐就已經很麻煩了，而在旅行初期，我還加上正在減脂而有嚴格的飲食限制，不管查了什麼我都不能吃，給喜歡大啖美食的旅伴增加很多困擾。

但即使如此，我們最後卻協調出「我陪你吃、你陪我吃」的解決之道。旅伴想吃高熱量美食，我可以陪他在餐廳坐下，等他吃完，我再去便利商店買豆漿、吃茶葉蛋。如果沒有特別想吃的餐廳，旅伴也會盡可能陪我吃素，並默默接收我夾來餐點內的油炸違禁品。

許多沒有經歷過飲食控制的人，無法理解別人爲什麼要這麼做，還會一邊吃得津津有味，一邊慫恿別人嘗一口沒關係。但有經驗的人就知道，減脂期就算每天吃得很健康很飽，也會因爲禁食高油鹽糖，看著別人吃，大腦覺得很饞，心理壓力已經很大了，別人隨口一句調侃都會讓人生氣。相較之下，旅伴卻是從頭到尾都非常尊重，甚至稱讚我很有意志力。

關鍵的素質就是「理解」：我在聊天時耐心把原理分享給他，他也認眞傾聽，理解我不是故意找麻煩，而是在「擇食」。這份理解能生包容，即使「我陪你吃、你陪我吃」聽起來麻煩又沒效率，但穿透麻煩的表象，內裡是厚實的尊重。

獨立：兩個人很棒，一個人也挺好

飲食是旅伴選就我，但其他地方卻也需要我的包容。

旅伴有潔癖，打從心底覺得海水很髒，就算到海邊的景點，也只想在旁邊喝飲料拍照就好，絕對不碰水。但我偏偏是看到大海就天然嗨的性格，鞋子一脫、褲子一捲就飛奔到海裡，踩著冰冰涼涼的浪花跳舞，就能歡呼大笑。對比抱著包包遠遠地站在岸上，低頭滑手機的旅伴，看起來完全不是同路人。

一般人遇到這種事，心情鐵定會受影響的。來海邊不玩水要幹嘛？沒有人跟我一起在海裡推擠嬉笑，用笨拙的手勢往對方臉上噴水，脫掉平常包得緊緊的鞋襪，用腳底抓著柔軟的細沙，還叫夏天嗎？還叫海邊嗎？

這時「獨立」的素質起了關鍵作用。因爲過去自己旅行時間很長，大山大海就是我的旅伴，一個人走過長長的老街，一個人坐大桌用餐，一個人在窗前喝一盞茶，都不是「寂寞」的同義詞，而是「自在」。

旅伴不想參與的行程，我就切換成「僞獨旅」模式，甚至還多了一個人顧包包，可以兩手空空跳進海水，根本超棒。兩個人可以分享快樂，如果只能一個人玩，那就用一人的時間享受雙份的快樂，連同對方的份一起享受，這也是一種相處模式。

假日之森

感謝：沒有一份遷就是理所當然

旅伴金三角除了以上兩點之外，我認爲第三點格外重要，那就是「感謝」。

旅行就是從活膩的地方，特地花時間金錢到另一個地方，過幾天平常過不了的新生活。誰都希望能夠做最精實的利用，每一寸光陰都花在刀口上。也正是這樣，旅伴之間想看的東西不同、想玩的強度有落差，都容易讓人彆扭地想著：「如果不能去〇〇〇，那我跟你出來幹什麼，自己一個人就好了啊！」

但我跟旅伴幸運的是，彼此都能事前溝通需求，也都在能力範圍內配合，沒有人覺得委屈——最最重要的是，事後都會主動感謝對方願意等、願意陪，沒有一份遷就被視爲理所當然，這會讓下次換另外一個人需要等、需要陪的時候更能欣然提供，因爲善意在彼此之間持續傳遞。

「旅伴金三角」不只是適用於旅伴，人生伴侶也是同樣的邏輯。

來找我做心靈療癒的案主，一個常見的感情問題是「我和伴侶差距太大了，有人說我們是互補，有人說我們是不適合，到底哪個才是對的？」

兩人到底是「互補」還是「不適合」，我後來覺得，關係雙方的「內在素質」佔了決定性的因素。通常會問這個問題的人，多半是關係中想要的東西不一樣，例如一個愛動一個愛靜、一個老往外跑一個想宅在家、一個重朋友一個重情人。雙方都固守城池，不想跨出舒適圈；或是勉強配合了一點，但完全不適應而搞得自己不開心。

這時候，「旅伴金三角」或許可以派上用場。對方的人生是我沒興趣的，我能不能帶著好奇去「理解」呢？好比我曾經去朋友家作客，朋友正對一部科幻片非常癡迷，看到連招待客人都忘了。平常我對科幻類型的題材沒興趣，很有可能百無聊賴地在旁邊滑手機，或提早告辭。但那天刻意帶著好奇心陪他看了一段，試著用科幻迷的角度去理解有趣之處，不懂也會發問，最後還成功被圈粉，和他一起津津有味地把整部片追完。

如果眞的理解不來，「獨立」也是一個接納差異的好方式。例如曾經有交往對象，非常愛具有危險性的運動，我眞的無法把這個當興趣，那在他週末跑去自我挑戰時，我就會安排自己的生活，等結束後再見面，而不會委屈地想：「爲什麼要讓這件事佔據我們相處的時間？」

以上三點，最重要的就是第三點「感謝」。很多人努力去理解對方、也盡可能獨立了，但老覺得都是自己在配合，付出被視爲理所當然。甚至下一次希望對方配合自己的活動時，對方一口拒絕，就算勉強參與了，也是從頭到尾死魚眼在旁邊滑手機。

處在這樣的關係下，「感謝」會是一個很好的潤滑劑。最好的感謝不是用索討的，而是我們先給。例如可以先告訴對方，我很想去某個景點走走，對方就算是半推半就，過程中也看起來不太耐煩，結束時我還是會感謝他說，謝謝你陪我來，也會把他今天的付出點出來，跟他說謝謝（例如謝謝你今天幫我排隊買門票、謝謝你在人群裡有注意我有沒有走散）。

人都是想被看見、被肯定的生物。當收到的正回饋越多，下次願意參與的程度就越高。這樣原本差異很大的伴侶，或許就能靠這個金三角變得更加融洽。

當然，這只是一個拉近落差的方法，更需要雙方都具備高度意願才有效。如果長期下來還是只有單方面在努力，表示彼此的「內在素質」有落差，這樣的「人生旅伴」是不是真的要勉強走下去，還是回到獨行更好，就是值得好好思考的問題了。

竹南口袋名單

·中山168·龍鳳宮·慈裕宮·蘆竹湳古厝·中港番社30號·假日之森·金億茶行茶葉蛋·起點書房（預約制）

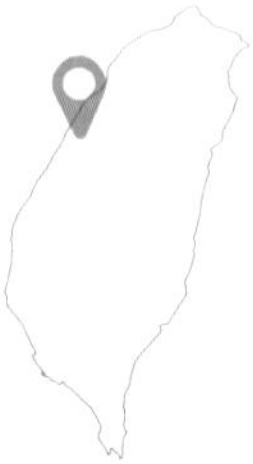

6｜台中

你眞正渴望的，是什麼樣的生活？

「在遙遠的未來，你想要過什麼樣的生活？」你想過這個問題嗎？我人生中被問過這個問題不下十次。仔細回想起來，每個時期的答案都大相逕庭。

小時候家境不寬裕，最大的夢想就是賺錢，這樣喜歡的東西都買得起，也可以打理布置自己的小天地，和喜歡的人天天住一起。

後來念了大學，成爲一個熱愛跳舞的年輕人，成天聽拉丁音樂搖頭晃腦，幻想可以在中南美洲退休，每天在椰子樹下喝酒跳舞，還爲此去學兩年的西班牙語。

再更大一點，從職場叛逃，誤打誤撞成爲心靈工作者之後，愛上這種自由自在的生活，心中不再有「退休」的觀念，打從心底認爲，只要有人還需要我、我也有體力，那工作到人生最後一刻也沒關係。

對我來說，未來很遙遠，藍圖也一直在變化，能做的除了好好存錢、好好照顧健康以外，對於要在哪裡落腳，我抱持著開放的心態。不過我倒是相信一件事——**我們內心眞正想要的，跟頭腦計畫的可能不一樣**。

很多人頭腦以爲自己想要環遊世界，但內心眞正想要的，其實是每天能和心愛的家人在一起，哪裡不去也沒關係。也許頭腦以爲自己想要退休開民宿，內心眞正渴望的卻是重拾麵團，找回年輕時放棄的烘焙夢。

「頭腦」想要的，往往會被環境因素影響——別人都說錢很重要，那我就拚命賺錢。別人開咖啡廳好像風生水起，那我也把開咖啡廳當成人生目標。別人都說該成家立業了，我也得趕快找個伴生小孩。別人這時候都在買車買房，我跟著買好像也能兌換幸福。但這些目標，卻不是「內心」眞正想要的，就算追求到了，也只會逐漸感到空虛和焦躁。

「內心」想要的到底是什麼？要挖掘屬於自己的答案，需要慢慢地靜下來，放掉頭腦干擾、排除社會眼光、還有「別人覺得應該怎樣才對」的時候，才能夠逐漸地，像是水裡的雜質慢慢沉澱般地浮現——這對大部分的人來說，都不是馬上就能做到的事。

我在某一次冥想課程，很意外地撞見了「內心眞正想要」的畫面。在那次課程中，老師引導我們做一種冥想，調整呼吸和頻率之後，要我們感受一下自己短期、中期和長期，內心想完成什麼目標。短期和中期的部分我暫不贅述，倒是長期的部分，內心浮起一個令我意外的畫面：我住在一個很樸實的小屋子裡，東西都很簡單，但是所有料理的食材、泡茶的香料都是最新鮮、最生機勃勃的，似乎住在一個很親近大地，能吃到最好的食物原味、呼吸到新鮮空氣、也有乾淨的水、最少噪音的地方。

而在那個小屋，三不五時會有朋友造訪，不像在都市中，客人難得來一趟，什麼好東西都要澎湃如流水似地端出來，笑臉與社交辭令滿溢，賓主盡歡酒足飯飽之後，又各自一兩年忙得連話都說不上。

這個小屋不是這樣。在那裡，你可以打聲招呼就來，不用說什麼客套話，只是來喝杯茶，坐著在窗前看樹看花，想走就走。吃飯時切點什麼當季的食材拌炒，清簡地一兩道菜，兩三人在桌前吃了，陽光靜靜地曬進來，安靜之中有說不出的美。

我在結束冥想的時候，很詫異內心竟然嚮往這樣的生活。我是在鋼筋混凝土養出來的都市小孩，從小到大都深鎖在厚重的大門與冷淡的鄰里關係內。去便當店外帶重油重鹹的午餐，上超市買冰好久的海運蔬果。平常躲在電腦後面久了，變得有點社交恐懼，不喜歡面對面和別人密切交流。

但是想想似乎又不意外。每次到好山好水、空氣清新的地方，吃到充滿生命力的食材，胸口都會湧出一種「啊，這樣才是活著」的喟嘆。尤其開始自炊自煮之後，常常抱怨超市食材看起來都半死不活，偶爾一兩次買到產地直送的新鮮貨，即使只是最普通的蔬菜，吃完也會從味蕾到全身細胞都會在歡呼，念念不忘那滋味好幾天。

雖然自認社交恐懼，但其實眞正不喜歡的是「戴面具型」的社交。若難得有一兩個聊得來的朋友來訪，一起泡壺花茶、切個小蛋糕，不拘束地在灑滿陽光的木地板上窩著聊天，也會覺得滿足得不得了，全身都充滿與人連結的愉悅。

「頭腦以爲」的世界太狹隘，如果只用想的決定未來要什麼，答案或許千篇一律——人人都想財富自由、環遊世界、在別墅或沙灘旁邊曬太陽喝雞尾酒。但當我們願意放掉邏輯思考，整個身心就會告訴我們，他眞正喜悅嚮往的是什麼。

神奇的是，當心中種下這一顆種子的時候，就有機會見到夢想的具象化。

在台中旅行的時候，去了一趟大里的菩薩寺。原本只是因爲朋友推薦而路過走訪，沒想到一晃眼就待了兩小時，每一棵樹、一片落葉都那麼隨意、又那麼精心安排，頂樓還有一個抄經室。剎那間我恍然大悟，原來之前許多朋友響應的「萬人抄心經」，穿過門口的老梅樹，發起的源頭就在這個遺世而獨立的角落。

隔壁的維摩舍也是菩薩寺的一部分，設計一樣別出心裁。一樓的禮品店琳瑯滿目，尤其我對一條漸層色的喀什米爾圍巾留戀不捨。等終於狠心放下它之後，拾級而上，二樓是半開放式餐廳，清水模式的塗泥灰牆開了一扇大窗，枝葉與陽光毫無遮攔地在窗口搖曳。

餐廳桌椅不多，當下幾乎坐滿了。乍見只覺得這裡氣氛不像尋常的餐廳，仔細一瞧，所有用餐的人都靜靜地捧著飯，沒有人玩手機或聊天，而是安靜而滿足地享用手中的豐盛。有的人雙眼發光看著窗外樹影，喜孜孜地夾碗中菜送入口，像是沒有理由的開心，又或者活在當下就足以讓人開心，那光景實在極美，我心中藏起的一塊忽然被觸動了。

這幅畫面，不就是我內心嚮往的日子嗎？

安安靜靜地，和喜歡的朋友吃一頓簡單的飯菜。不需要開電視，沒必要放音樂，甚至不需要聊天，那只會讓空間充斥著喧鬧，內心卻覺得彼此遙遠。桌上每一道菜都是我細細撿選的，挑菜的時候清新的氣息充滿鼻腔，爐火上滋滋作響的是新鮮橄欖油，人道飼養的雞蛋敲開粒粒飽滿，當季的米飯氤氳著熱氣撲鼻。每一杓飯都有我的關心，都有土地的滋養；每一口茶都是我百分之百享受，帶著喜悅傾注到對方的茶杯。

我想要這樣的生活，想要這樣的關係。而在台中旅行的時候，恰好遇見了夢想實現的畫面。那一刻我更加篤定，不管多繞路，不管在哪裡落腳，我想朝這樣的人生走去。

乍聽之下這樣的「夢想」很遙遠，要苦等時間、金錢、機會具足才能實現，但其實我們都誤會了。**所謂的「內心眞正的渴望」，代表「你的全副身心告訴你，在這樣的環境下它會充滿能量」，既然這樣，就不能等「以後」、等「退休」才做，而是「現在就要開始做」**。

不需要等賺夠錢、搬到特定的地方才能滿足，那只是夢想的「外在形式」。**就算還住在都市裡，就算只有百分之三十的時間可以做到，我也要盡力活滿那百分之三十**。喜歡吃充滿生命力的食物，那就勤奮一點，兩三天就去一趟市場，學會辨認當季時令，熟悉食材與火候之間擦撞的藝術，並且在吃飯時放下手機電腦，在餐桌前擺盤，拉開窗簾坐下來好好享受。

喜歡和人有溫度的交流，那就別怯懦於邀人來坐坐。蒐集一些好茶葉、乾燥花草茶，買一兩樣平常就很想吃的茶點，跟朋友對分，甜滋滋又降低熱量負擔，還充飽了與人連結的能量。

如果你願意，我鼓勵你也試著靜下心來，好好呼吸，調整頻率之後，讓「我眞正渴望的是什麼生活」的答案浮現出來。也許第一時間還是會用頭腦想，但是不急，多試幾次，通常在眞心渴望的畫面浮現時，你的身體會充滿愉悅放鬆感，而且往往出乎頭腦意料之外。

在那之後，只要盡力分配能量活出這個夢想，哪怕生活中還有很多身不由己之處，那也沒關係。

盡力活出夢想的頻率，其實就是在跟老天呼喚「這是我想要的，請給我更多」。

也許現在只有三十，之後就有可能慢慢進展到六十、八十，甚至百分之百。就算因緣不成熟，最終無法百分之百活出夢想的樣貌，至少我們也在過程中採集了充分的養分。那樣的人生，也稱得上美滿富足的。

大里菩薩寺

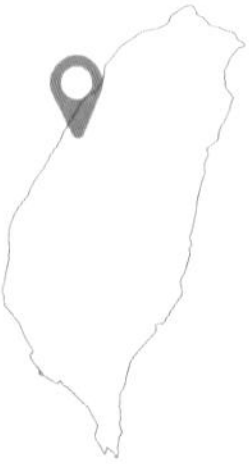

7 台中

愛與愛情，是完全不同的東西

第一次來勤美誠品綠園道，是辦第二本書的簽書會。

初來乍到被商圈的人潮嚇壞，驚魂未定地跟朋友說：「我的天啊！周末的綠園道，好像正在辦園遊會的大安森林公園，旁邊再加上人潮塞爆的西門町，兩者中間還只隔一條馬路！」

當時被豔陽曬昏的我落荒而逃，無緣親近赫赫有名的綠園道。直到若干年後再訪，當時正值十月下旬，是可以上街走長長的路，還覺得很舒服的氣候。晚飯後從旅館一路散步過來，或許是疫情、或許是因爲入夜、又或許現在才是正常的人潮。晚風沁涼，只有疏疏落落的人戴著口罩放風，有街頭藝人唱歌，草皮乾爽，踏上去舒服到會透入心房。

於是選了一塊比較偏遠的草皮，開始練平常學的五禽戲和太極。

練拳有地氣加持，氣血都會走得順暢飽滿，我幾乎可以感受到，自己是泡在氣感裡，被氣托著移動。打完一趟五禽和兩趟太極，大腦和身體都進入一種鬆得很空無的狀態。仰望夜空和草皮，覺得小我變得非常遙遠，心情很愉悅，但不是發生什麼好事那種亢奮，而是進入一種「存在」的美感。

那個感覺，我沒有詞彙可以形容，唯一最接近的文字從腦中蹦出來，叫作「愛」。

很奇特的是，當我想到「愛」這個字眼時，其實跟「愛情」沒有半點關係。甚至傳統上，會和「愛情」共同出現的那些感受：興奮、慾望、占有、激動、甜蜜、焦慮、嫉妒、控制……這些情緒，通通都在那一刻完全消失了，它完全不是我們說的那種「愛情」，但我還是稱它叫作「愛」。

只有在那時候我才完全理解，爲什麼身心靈總是會說，「存在」本身就是一種愛，我們本來就是活在愛裡，只是我們忘記了。

以前聽到這種言論，都覺得虛無飄渺到難以理解。然而後來幾次，我無意間經驗到這種被稱爲「愛」的東西，偏偏都不是發生在親密關係的場合，而是在毫不相關的場域——比如說，在能量飽滿的地方，舒舒鬆鬆地練太極的時候。比如說，在靜坐冥想到很深的地方，連念頭消失的時候。比如說，遇到極富靜心品質的按摩師，用純淨和專注的手法，推揉你的肌理結構的時候。

那時候才能深刻感受到，爲什麼曾經領略過「愛」的滋味的人，會說「存在」本身就是一種愛——你甚至沒辦法講得更精確了，因爲確實是如此，體會過了就會知道。

如果眞的要再多描述一點，我想我的解釋會是：平常我們領略不到愛，是因爲人類的各種執著和緊張，把自己的能量管道阻塞了。

練太極、瑜伽、冥想等等的時候，會因爲身體和心靈緊密地同在，頭腦歸零、身體放鬆、氣脈打開，能量管道也就跟著暢通。

高頻能量透過管道進來，煩惱和執著也跟著滑脫，單純處於「存在」狀態的身心，會和這個世界進入交融狀態，而那時感受到的就是「愛」。

無條件地被世界接納，感覺自己是自然界的一部分，沒有界線地交換著能量，源源不絕地支持著我們。

* * *

很多人追了一輩子的「愛」，渴求被接納、歸屬感、被支持與無條件的愛。

勤美誠品綠園道

眞的感受過這種「愛」，會恍然大悟——原來我們只是把這種渴望，外包給跟我們一樣脆弱的人類，並且註定會失落。

傳統的愛情，遠遠不是「愛」，那是完全不同品質的東西。**在「愛」的狀態裡，完全不會想索討，也沒有期待，甚至會覺得有「索討」的意圖很奇怪——我極爲豐沛又舒適，爲什麼要跟誰索討？而又有誰，可以給得比宇宙更富足？**

這時候的我們，完全不會想跟誰拿取任何東西，甚至會反過來，開心自己有這種品質的愛可以給予。我們會非常樂意付出愛，甚至還會感謝對方願意收下。

「愛情」和「愛」是完全不同的東西。

「愛」永遠不是別人的事，而是我們和宇宙之間的事。

台中口袋名單

・菩薩寺・霧峰林家宮保第・審計新村・柳川藍帶水岸・勤美誠品綠園道・柳原教會・台中公園・107 Gallery・香格禮坊蛋黃酥・日出・旅人起司蛋糕・第四信用合作社

8 員林

逃避寂寞的數位遊牧民族

在《人生4千個禮拜》[3]上讀到一段話：「數位游牧者的生活方式和眾人不同步，人際關係很難扎根。不是數位游牧者的我們也一樣，我們愈能自由選擇在何時何地工作，就愈難透過工作建立人際關係。」

這段話對我心頭重重地捶了一拳。有個日夜拆解不出的問題，在這幾句裡被作者完美作答。

以前的我也當過上班族，每天擠公車、轉捷運，打卡，在辦公桌前把早餐撕小塊偷塞進嘴裡。經手一件件提不起興趣的事，無論精神狀況如何都得完工。要對同事笑，要對階級比你高的人有禮貌，遇到情緒化的人也不能轉頭絕交。進公司的時候柏油路都還沒被太陽烤暖，下班的時候已被月亮交接。

肉身圈禁在吹著中央空調的高級監獄，只有午休

3. 奧利佛・柏克曼著，大塊文化出版（二〇二二年1月）。

被恩准短短放風，旋即又拎著油膩的餐盒回來坐牢。下班繼續和一群眼神空洞厭煩的人擠在一起，卡卡卡踩著憤怒的腳步回家，把自己摔回床上，滑手機，心不甘情不願地呼吸，數著什麼時候才到周六。

對於一個厭惡人多、畏懼尖峰通勤、不喜歡時間被控制、希望工作有挑戰性還能兼顧興趣，不想做隨時可以休息的人來說，現在的自由工作簡直是夢幻天堂。想幾點睡幾點醒都行，只要稿子準時交、工作時準時出現在現場就好。想放假，想旅行，隨時都可以去，不用看人臉色，也不用在尖峰時間人擠人。不喜歡的工作可以不要接，不喜歡的人可以一拍即散，可以以「自己」的身分被知曉，而不是名片上「公司頭銜」。

過去的我願意拿出一切交換這種人生，現在卻覺得有種東西從內心逐漸流失，我卻不知道是什麼——我意識到自己有種隱微的躁動，嘗試透過很多方法消除它，例如：把工作排到滿，或反過來一段時間不工作。試著拓展新業務，但過了新鮮期之後，那股煩悶又湧上來。學點新東西，開始上手以後又陷入練習期的焦躁。反覆折騰一輪又什麼都不要，我成了自己最想大吼「不然你到底要怎樣啦！」的那種人。

第一市場王爺宮後蚵仔酥

無數個夜晚和白晝，我嘗試著說服自己很幸運，要知足，要看到自己已經擁有的，你只是太習慣一切了才覺得厭煩。直到我看了《人生4千個禮拜》，才赫然找到空洞的聲音來源——那是一種長期被群體「放逐」，從人類基因裡透出來的寂寞在吶喊。

我們的工作型態很特殊，看上去很自由，實質上卻是被孤立在另一個眞空。那裡只有你自己、你的事業、少少幾個固定班底朋友（你甚至無法挑選，因爲再挑下去就沒朋友了）、大把沒人分享的時間，而書上說得好：當自由的時間無法和人分享時，某種程度上還是受困的。

這也可以解釋爲什麼，我把心靈療癒工作排爆，初期會感覺好一點。因爲有人可以和你對話，甚至當遇到智慧通透的個案，會有一種相見恨晚的暢聊感。看到這裡你可能會想，這麼簡單，那這樣你一直排工作就好啦，既可以排遣寂寞又可以賺錢！

但好案主就像抽福袋，不是天天有，加上畢竟是工作，再怎麼相談甚歡，也不可能掏心掏肺講自己的私事，對方離開工作室就再無瓜葛，剩下還是自己一個人。且大部分需要尋求療癒的人，還是負能量滿載居多，做完常常電池乾扁枯竭，連陪伴自己的力量都快沒有了，內心的寂寞感又更加熾盛。

即使我已經算是很喜歡獨處的人了，有些人做任何事都想找個伴，但對我而言，一個人吃飯、一個人看電影、一個人去遊樂園、一個人出國、一個人泡咖啡館、一個人逛街，對我來說都是非常自在，甚至偏好自己做，而不是有個人跟在旁邊不斷講話。更不用說很多興趣也只適合一個人做，例如閱讀、寫作、冥想沉思。因此照理說沒有和人連結，應該不是什麼無法忍受的事。

但不，人類本質上就是群居的生物，大部分的時間一個人很自在，不代表日日、夜夜、年年，都沒有盡頭地過這樣的生活，是一個健康人類會嚮往的事。

這種從社會被放逐的失重感，也讓很多自由工作者過度沉迷工作（這是少數讓自己和社群有連結的事）、也更難戒掉社群媒體（滑著臉書塗鴉牆，至少感覺自己還屬於社會），但這兩者只會讓人更不快樂。

自由工作者沒朋友和家人嗎？當然有。但朋友和家人終於休假時，又因爲平常已經很習慣到哪都不用排隊、生活空間寬廣舒適的日子，所以即使出來見朋友能滿足連結需求，心裡還是會忍不住抱怨出遊品質下降，久久才願意出來聚一次。

於是渴望連結又不知如何排遣的人，最後決定去旅行。旅行算是一個折衷點：

它讓自由工作者得以享受出遊的舒適，又不用待在熟悉的空間裡忍受孤寂。

＊＊＊

我就是在這樣複雜的心境下來到員林。爲什麼選員林？我旅行選點的方式都很隨機，這次是因爲喜歡的作家陳思宏當時的新作《樓上的好人》4，書中背景就是員林。暗忖反正沒去過，透過旅行去走走也好。

住宿的地方很奇特，房間寬敞且中規中矩，但有個引人遐思的超大開放式浴缸以及透明淋浴間，一個人住在裡面很是奢華。瞬間什麼寂寞都拋在腦後，手機拿起來就到處錄影、自拍，傳給朋友，幾分鐘後收穫艷羨的驚呼連連。

住的地方離第一市場近，空虛的時候徒步尋覓在地小吃，很能轉移注意力。也安排了零星的諮詢工作，在蓊鬱樹影的落地玻璃窗旁喝咖啡，幸運地遇到靈透聰穎的案主，聊到開懷時幾乎忘了自己的寂寞。然而回到房間，我卻發現自己還是黏著手機不放，不斷刷著別人的回應。勉強看了一些書和線上課程，把自己塞回床上睡了，這幾天好像過得很享受，卻也有種搔不到癢處的惆悵。

4. 鏡文學出版（二〇二一年3月）。

警察故事館

隔天起床，因爲有排線上讀書會，匆匆在床上開了機，打開視訊鏡頭，和朋友大聊閱讀心得。一小時後闔上電腦，發現心情意外地滿足，幾天下來靠高熱量美食和四處巡禮也無法滋潤的乾涸角落，最後竟然是靠窩在床上哪裡也沒去，和朋友閒聊的過程中得到舒緩。那一刻終於意識到，有些屬於生命本能的需求是無法取代的，例如「連結」的需求。

有自由、有事業、有自己的時間、住得舒服、吃得痛快，這些當然都很棒。但是在一個人想要說話、想要聽別人說，想要擊掌大喊「沒錯！」的時候，這些看起來「很棒」的東西，卻無法拯救心靈的飢渴。他們本身就是不一樣的營養，自然沒辦法互相取代。

我總算是意識到了一個幽默的事實：臉書擁有好幾萬讀者的作家，最後其實需要的，就只是幾個朋友能陪我說說話。

員林口袋名單

・右舍咖啡・第一市場王爺宮後蚵仔酥・旺來豆花・唐伯滷・興賢書院・警察故事館

9｜花蓮

恐懼的解藥，是我自己

去花蓮旅行三天，我在臉書上滿滿地分享海景浪漫。照片背後沒說的是，那兩個晚上，我很害怕。

那次旅行住的是很特別的民宿，用舊碉堡的哨亭改建成單人房，矗立於海邊一座山坡邊，毫無遮蔽，夏末的夜晚山風海風包夾，不用冷氣也透心涼。

碉堡外有個專屬露臺，推開門躺著就能看星星。露臺旁邊是巨大的山脈，樹林蓊鬱，靠山而望海，磁場強大。白天我是很喜歡的，但夜裡一個人踩著樓梯回哨亭，心裡卻暗暗發慌。

可能是對大自然原始的恐懼吧？民宿位置非常偏僻，附近幾乎沒有住家，路上有許多流浪狗會對人吠叫，沿著不遠處的小徑走過去就是海。

哨亭旁直線距離十來公尺處，就是黑壓壓的山林，時不時出現一些陌生的聲響，可能是夜行動物的叫聲，可能是枝葉擦撞。我住慣了都市，又對環境敏感，一有聲音就想張望，又怕一張望還眞的會撞見什麼，神經緊繃到直接把「躺在陽台看星星」的美夢掐熄。晚上把自己緊緊鎖在房內，暗自祈禱半夜不要想上廁所，因爲房間沒衛浴，摸黑下樓又要嚇到哭出來。

最後一天晚上騎車夜歸，不知什麼緣故，民宿的人通通不在。在隔條馬路的共用衛浴洗了澡，抱著髒衣服毛巾，穿過黑漆漆而無人的一樓院子回房。明明不怕吵到人，我卻不自覺連聲音都放輕，走路都踮起腳尖。

爲什麼？怕啊！明明環境上和治安上絕對安全，卻因爲身體暴露在沒有遮蔽的地方，動物般的原始恐懼在基因裡攪動，彷彿發出一點聲響就會引來危機。回房間的路上，我甚至得盯著海面上的船影，或是遠方經過的車燈，才能稍稍感到一絲文明氣息帶來的安全感。

回想上一次在大自然裡這麼恐懼，已經是大學時期去黃石公園度假打工，和朋友在森林露營的時候了。那次也是整夜大氣不敢喘，連翻身都戰戰兢兢，深怕睡袋窸窸窣窣的聲音，會引來棕熊還是郊狼的注意。

回到房間，我試圖做很多事來消除這種恐懼。房間沒電視沒網路，只能看書，聽音樂，玩手機，一開始有效，但只要停止手上的事，恐懼就又湧上來。直到最後，我終於起身做了一件看起來完全不相干的事：練太極。

房裡沒有空間，於是我鼓起勇氣推開門，站在露臺上深深調息。站好樁，調整姿勢，緩緩舉起手，腳步紮根。專注在呼吸，專注在每個動作的鬆柔，想著把動作做得飽滿通透。就這樣把原本散亂的心神，就像風箏線一樣，一段一段慢慢收攝回身上。

5+ 商行

當我練完一套三十七式，收勢調息，彼時四周還是一片漆黑，樹影還是一樣沙沙作響，肌肉神經卻比方才練拳以前，還要更放鬆毫無戒備。我心裡彷彿擦亮了根火柴，溫暖而安定，接著我甚至可以坐下來，在露臺上閉眼打坐，過了段時間又在地上直接倒臥，舒展四肢，悠然地枕著手臂看星星，內心鬆弛坦蕩，毫無恐懼。

我閉上眼睛想：是太極的功勞嗎？是靜坐的功勞嗎？我會說，是也不是——眞正的讓恐懼消散的，是我透過這兩件事，把注意力好好地、牢牢地收回自己身上。**注意力在哪裡，能量就流向哪裡。注意力收攝回自己身上，能量自然形成一層穩定的保護罩。**我不是用頭腦告訴自己「不要怕」，而是把頭腦的能量從散亂到收攏，什麼都不用說，身體就自然而然感到安頓。

這份覺察也讓我意識到，雖然我平常不會把自己暴露在黑暗的森林，然而即使住在都市，內心這份原始恐懼依舊經常被觸發——當我們爲金錢擔憂、爲關係患得患失、爲不確定的未來提不起又放不下的時候，這些屬於現代人的危機，就像叢林裡沙沙作響的恐怖聲音。

此時身爲都市人的我們，即使窩在沙發上、安全地裹著柔軟的毯子、桌上有充足的食物，內心也會像叢林裡的小動物一樣，瞬間被觸發強烈的原始恐懼。

當恐懼焦慮被觸發的時候，我們通常會做什麼？情緒性進食？買東西紓壓？戀愛成癮？沉溺在手機或追劇逃避現實？

有用嗎？我都試過，暫時有用。但只要這些東西離開，空虛就會如潮水般席捲而來，最後只能繼續抓著這些成癮事物不放——因爲一旦沒有他們分散我的注意力，我就不知道該如何招架那些恐懼。

花蓮海邊的夜晚告訴我：**恐懼眞正的解藥，是我自己**。

遇到恐懼，一開始無論有多麼想逃，就逃吧。逃累了，記得還有一個選擇，把專注力放在自己身上，放在眼前做的事上，可能是吃飯、行走、洗衣服、擦拭桌角上的頑垢，無論多小都行。不是「刻意找事做」那種麻木，而是眞正的投入、細膩的投入、像是全世界只有這件事情最重要一樣。

就像電影《我的完美日常》[5]，男主角就算只是個廁所清潔工，每天的日子彷彿複製貼上。但於是無論晴雨陰天，無論早上是否都喝同一種罐裝咖啡，早上推

5. Perfect Days，是一部二〇二三年的電影，由德國導演文・溫德斯執導，役所廣司主演。

門和世界相遇的那一瞬間，都宛如花朵綻放般的喜悅，低頭擦拭馬桶污垢時，都如同擦拭聖壇般專注。

那份過渡期，起初會很拉扯，思緒紛亂，頭腦會質問自己這些事的意義。後來慢慢會有甜味，甚至再後來，那看似索然無味的過程，會油然而生一股安定感。那個時候，事情就算沒改變，恐懼卻會消失。

直到此時，才真正明白，世間萬事，無法改變者居多。我們能做的，是在行走人間時，行囊裡常備一副解藥。

而那副安頓身心的解藥，就是「我自己」。

花蓮口袋名單

・**5+**商行・花蓮勝一生魚片・**FALI**法礫料理工作室（非常美味的原住民料理）

・珈琲宅（**KOHI**宅）・和嶼酒吧・雪莉**Wine Only**・邊境法式點心坊・時光二手書店・鯉魚潭・友善賞鯨船

三棧溪

10 嘉義

你願意爲「別人眼中的你」付出多少代價？

匡噹一聲，水壺從床頭滾到地上，裡面沖泡的抹茶灑了一地。地毯大片潤濕，連帶沾染放在一旁的白毛巾，慢慢暈出綠色的圖騰。

旅伴和我面面相覷，下一秒我彈跳起來，抓起大把衛生紙往地毯上扔，另一手撈起沾到抹茶的毛巾，連滾帶爬往浴室衝，撲到洗手台前拉上排水口，用力把熱水轉到最大，再抓起整罐沐浴乳往裡面狂倒，把毛巾扔到洗手台裡，拚命搓揉。

「你沒事吧？沒事吧？」旅伴抓著擦過地毯的衛生紙探頭。

「乾～這個染色力太強了，洗不掉怎麼辦！」我雙手泡在熱水裡又攪又揉，毛巾翻面又翻面，對著燈光看是不是有淡淡殘留：「完了洗不掉，眞的死定了！」我放掉已經變淺綠色的池水，馬上又再把水開到最大，堵起排水口，重新狂壓沐浴乳，把毛巾泡回去，死命想把一點淺淺的綠搓掉。

「好了好了，不要這樣，其實根本看不出來，洗到這樣可以了。」旅伴安慰我道。

「不行，還是看得出來！這樣會給旅館困擾，他們發現一定會叫我們賠的！」我哭喊著繼續放第三盆熱水，熱水燙到手發紅，還是死命想把不知道是眞的殘留，還是原本就有的一點點淡痕跡洗掉。

「眞的要賠就賠給他好了，不要再搓了。」旅伴安撫道：「你現在看起來驚慌失措，不要爲了一條毛巾把自己搞成這樣，好嗎？」

聽到他這麼說，我才愣了一下，放下手上濕漉漉的那團毛巾。

嗯？我現在在旁人眼裡看起來很瘋狂嗎？剛剛像是爲了一件小事反應過度嗎？好像是耶，我剛剛到底怎麼了？

「因爲我不想給別人添麻煩啊！」我心裡理直氣壯的回答：「畢竟我打工時做過旅宿業，最懂他們的辛苦，所以不想給他們困擾，也不想被當成不懂事的奧客！」

第一時間我還眞的被這個理由說服了，腦中甚至調出過去幾個記憶：只要是住旅館，我一定極度遵守退房時間，常常五分鐘前就整理完畢，拖著行李站在門口，不斷催促同住的人快一點，不要給人家催。

退房以前，也會確實把所有垃圾蒐集在垃圾桶，不會隨便擺桌上，還要打掃人員幫我撿。不小心弄髒床單和枕頭也會非常緊張，會像現在這樣狂抓一大把衛生紙仔細吸乾淨。

我是真的很怕給旅宿業添麻煩，才這麼緊張，對吧。但真的是這樣嗎？仔細想想，那股焦躁的情緒好像不能單純用「體貼」來解釋——如果只是懂旅宿業的點、不想給他們添麻煩，那不小心把房間弄髒了，頂多是內疚地想「啊，這樣打掃會不會有點麻煩？真是抱歉了啊！」一邊收拾，真的要被罰收清潔費，就對旅館好好道歉，該賠多少就賠好了。而且以我的行業經驗，那種弄髒的程度根本是小菜一疊，被追究的機率微乎其微，房務根本連看都不會看一眼。

但是我反應程度之激烈，就像要洗刷掉什麼汙點一般，拚命用通紅的手搓著毛巾上的汙痕。

林聰明砂鍋魚頭

啊，對了！就是「汙點」這個詞。剎那間我從層層包覆的情緒烏雲探出頭，沒錯，與其說我「體貼」旅宿業，不如說我太了解他們怎麼看待客人——這個客人好髒喔、他生活習慣好差喔、他竟然留下這個好噁心，還把地毯弄成這樣，太差勁了！

以前打工時，我們還真的會和同事會在背後碎念客人，當作茶餘飯後的紓壓。但當今天換成我是「客人」時，不自覺就會用同等嚴厲的眼光審視自己：他們員工會怎麼看我？弄髒一條毛巾，被罰錢是小事，但想到如果被當成是破壞住宿用品、沒水準的奧客，我會拚了命地想要洗刷自己，因此我泡在水中拚命搓揉的，並不是單純一條毛巾，而是「別人眼中的我」。

這個線索一拉出來，我腦中串起更多的線索。真的，我一直都就有這個傾向，不只是旅宿業，

曾經一次在郵局寄包裹，剛寫完要黏貼的地址就被叫號，急急忙忙衝向櫃台，來不及貼好就把紙張反射性地遞出去，結果櫃檯人員二話不說扔回來，指著旁邊的膠帶要我自己貼。當下臉頰馬上熱辣辣的漲紅，一邊貼一邊想：「啊我剛剛被當成白目的民眾了，他一定在想我怎麼這麼沒品，竟然叫他們幫我貼包裹，但我

眞的不是故意的啊！」

接下來的三分鐘，我幾乎是畢恭畢敬地在討好對方，雙手遞包裹、雙手遞鈔票、滿臉陪笑連聲說謝謝才離開。出了門之後我才回過神想，剛剛到底怎麼了，爲什麼誠惶誠恐成這樣？我有失誤沒錯，但道歉過就好了，卻偏偏在對方滿臉不耐地重重蓋章、焦躁打字的過程中，腦補著對方心中有多厭惡自己，而不由自主地開始滿臉賠笑，希望能稍稍換得對方的諒解。

換言之，我不是眞的多有禮貌和體貼，我只是太在乎「別人眼中的自己」。可是我們要爲這個「別人眼中的自己」付出多少代價？一條髒毛巾就可以讓我急到失去理智，過去也常常爲了不要讓別人討厭自己，賠上超出合理的代價。而和郵局人員的互動裡，也看得出我容易花太多時間，在對那些「不喜歡自己」的人太好，而只花少少的力氣照顧那些「喜歡自己」的人，只因爲前者讓我焦慮，我就會強迫性地做得更多，直到贏得對方喜歡，內心才覺得安心。

這樣的習慣，不但對喜歡自己的人不公平，同時還會慣壞「不喜歡你」的人。他們學會只要持續挑剔和擺臉色，就可以控制你、讓你源源不絕地掏出資源。於是我們人生大部分的精力，就浪費在討好不喜歡我們的人身上。

一條毛巾點醒我，這樣活著太累了，我不願意再被無意識綑綁，爲活在別人的眼光裡付出高昂的代價。我冷靜下來，把洗過的毛巾扭乾，小心掛回桿上，心裡想著如果旅館眞的聯繫賠償，我當然會負責到底。但在那之前，**不要再腦補自己會被討厭、不再急著洗刷「汙點」，我要解開名爲「別人怎麼看我」的鎖鏈，放這樣活了一輩子的自己自由。**

11 嘉義

知道會死，才知道怎麼活

讀者朋友知道我要去嘉義，推薦我去一間神祕的夜間咖啡廳。

網路地圖一查，發現很晚才營業，當下剛吃飽飯沒行程，去探探路剛好。一推開厚重的大門，昏暗的室內開著黃黃的小燈，一位老先生坐在門邊靜靜地抽雪茄。呃，請問老闆在嗎？我問。

「我是這間空間的主人。」老先生回答道。喔……所以是老闆嗎？請問今天有營業嗎？我又問。

「平常負責的店長，前陣子意外過世了，我今天是回來看看這個空間的。」老先生淡淡地說道：「請坐吧，喝點東西。」

咦？過……過世了？我錯愕地四周張望，明明也不認識這位店長，卻依然被這個訊息震驚了一下。和旅伴手足無措地順著邀請，踏進滿是鐵件風格的神祕大廳，在吧檯邊坐下，接過老先生遞來的啤酒，開始和他閒聊。

沒多久，門口又進來了一位年輕人，熟絡地跟老先生打招呼，逕自進吧檯忙進忙出，煮了熱水，問我和旅伴要不要喝咖啡。我轉而跟他聊起天，才知道他是已故店長的朋友，接著從零碎的資訊中拼湊出大概輪廓：咖啡廳是這位老先生，開給一位志同道合的店長經營。但是這位店長前陣子意外過世了，暫時沒有找到新的人選，所以這間店已經有段時間沒有營業了，頂多是幾位朋友會進來打理。

而我們推門進來的時間非常巧合，碰上難得從外縣市過來的老先生，甚至年輕人本來今天也沒有要來，只是福至心靈來看看。因緣巧合，有空間、有老闆、有客人，咖啡廳就在當晚重新開張了。

我坐在吧檯，看著年輕人嫻熟俐落地沖咖啡，心中浮起異樣的雜感。吧檯順手還放著許多物件，像是主人出去度假幾天就會回來。那位店長最後一次打烊前，很可能心中也是這樣想的吧？東西放著就好，過幾天會回來繼續用。然後，就永遠沒回來了。

我趁著他人忙碌，四處走走看著架上的擺飾、老書、牆上的掛件。年輕人遞酒遞咖啡遞巧克力，爽朗地陪我們聊天，看到我眼光停留在什麼小物，順口會跟我說，這是店長當時去哪買回來的。說著又指了指吧檯前的位置說，之前店長會坐在這個位置，拿桌上的這個擺飾玩，他當時說了什麼話，年輕人也原封不動地轉述給我聽。我明明沒見過店長，卻彷彿在這個空間的每個角落，都看得見他的影子。

那一刻，我頓悟出卡在胸口的異樣從何而來。這個空間給我的感受，是這麼周到與讓人流連忘返。但細細分辨，是因爲老先生熱情的招待嗎？是因爲年輕人沖的好咖啡嗎？是因爲音樂好聽嗎？是因爲裝潢別出心裁？好像是，又好像都不是。

在我內心更深處，感受到這個空間正在照顧著我，讓我們得到款待與安放，那無疑是充滿生命力的——但這間咖啡廳的店長本人，卻已經不在世上了。彷彿他正透過這個空間、透過老先生、透過年輕人，在另一個時空，繼續照顧著來訪的客人。

一個人很少能同時感受到溫暖與死亡，照顧與寂寥並存。我同時非常享受這裡，卻又浸泡在哀悼與悲傷的陰影，情緒的兩端在胸口揉雜，困惑而矛盾。

被死去的人鮮活地照顧著，讓我感覺離死亡特別近，近到重新思考「人會死」

這件事。死亡的來臨，不一定是在數十年後的終老，而是可能在任何時刻，以出乎意料的方式。就像店長離開以前，沒有人覺得他不會再回來。

據說以前的修行人會去火葬場，凝視亡者歸於塵土的過程。唯有深刻知道會死，才會反過來領悟怎麼活。而打從走進咖啡廳那一刻起，我對死亡開始從「理智上知道」，蛻變成「深入皮膚的感受到」——我會死，即使盡力保護自己，還是可能以任何方式，在任何時間死去，那我打算怎麼活？

以前如果思考這個問題，可能會直覺地想，如果不想留遺憾，那現在想花錢就花、想吃什麼就吃、想去哪裡玩就去、想愛誰就愛誰，不用顧忌存款數字、不用擔心身材和健康、不用考慮有沒有未來。

但現在的我，已經不覺得這是答案。爲所欲爲地活著，說穿了只是把對死亡的恐懼，藏到及時行樂的快感裡。我不是沒有這樣活過，卻也沒有因此感到人生無憾，還覺得更加空虛。**因爲眞正感受過「人會死」的人，其實更渴望的是深刻地活著**——無論那份深刻可能帶來痛苦還是快樂，都不會逃避，因爲他不想只是輕浮地蒐羅世間的歡愉。

秋書室

那要怎麼做，才能深刻地活著？對於這個問題，我還沒有想出答案。**但我開始發現，也許帶著問題活著，本身就是答案**。

在每天起床的時候，在睡去之前，在做每個決定的時候，在恐懼的時候，在開心的時候，在害怕失去，而想抓住眼前的一切的時候，都輕輕地問自己：「意識到自己會死，你會想怎麼活？」

然後每一刻，都會有答案。在那一瞬間，我就知道自己該怎麼活。

嘉義口袋名單

·巴倫司康·島呼冊店·品安豆花·林聰明砂鍋魚頭·秋書室·品茗軒蓮藕茶
·花樂食堂·故宮南院

12 | 金門

是旅伴，還是旅「絆」？

你過去和別人旅行的經驗如何？如果有幸遇到相處融洽的人，那眞是三生有幸，可以有雙份的膽量探索陌生，用一半的價格入住旅館，一人的餐費就能享受多種飲食。

但是一弄不好，旅伴就成了旅「絆」。年輕時我也曾貪圖節省旅費，在網路徵求度假打工結束後，一起租車在異國公路旅行的旅伴。結果一路下來，每個人對每個人都有滿腹的怨氣，但沒有人有能力離群單飛，彎屈著忍到旅行結束一拍即散，領了行李後就老死不相往來。

類似的旅「絆」事件時有耳聞，也造就了我在經濟和能力都穩定之後，能獨旅就獨旅的習慣——畢竟忍受自己比忍受別人容易，直到認識同樣愛旅行的對象之後，我才重修了這門「旅伴的相處之道」。

旅伴是上班族，平時請假困難，有次好不容易搶到三天假，我們決定衝一趟金門。離島不像外縣市，隨時買張車票就能去，金門來回機票也是一筆數目。在時間少而成本高的情況下，平常旅行追求「慢活」的我，這次自願配合「衝衝衝」的旅伴，他想跑幾個幾點都可以，力求達到金錢和心理上的夠本。

結果那三天兩夜，比想像中風雨飄搖。彼時盛夏，又巧遇颱風環流，豔陽和暴雨輪流清洗島嶼，衣服乾了又濕。加上新環境沒睡好，等到最後一天，身心耐受性已達到極限。搭機返台當日，上午退房後，旅伴說要用最後剩餘時間跑一輪小景點，我同意了。跑完景點拍完照，也到了用餐時間，旅伴提議去吃網路大推的牛肉麵，而體力已經榨乾殆盡的我，則是看上一間文青咖啡廳，想喝杯咖啡好好休息。

於是我們說好，等吃完牛肉麵，就扛著行李去咖啡廳，邊喝咖啡邊候機。結果因爲麵店位置不好找，花了不少時間迷路。好不容易坐下來，店家人手不夠，上菜還很慢，味道也沒記憶點，幾番波折後終於離開店面，此時剩不到半小時就要去搭機了，咖啡廳的行程自然泡湯。

第一時間，我心裡有個細碎的聲音在騷動：「爲什麼都是我在配合你？」「爲什麼都是去你想去的地方，那我呢？」「我累得半死一直在陪你趕行程，結果最後都是吃到你想吃的，犧牲我想去的，爲什麼？」

換做是以前的我，一定會直接爆氣，自怨自艾在旁邊演起小劇場。在那個小劇場裡，我熱愛扮演受害者，只要坐穩這個位子，就能氣鼓鼓地聲稱自己好可憐、好委屈、好犧牲，隨之而來就是病態的力量感。對方的罪惡感被勾起了，我就可以索討補償，勒索關愛，或是希望對方慌張，好讓我感受到被在乎。

但長期以來的覺察修行，使我在剛開始燃起這個火苗時，就有意識地抓住它：「眞的嗎？你眞的想一頭栽進去那個小劇場嗎？你確定要選擇泡進受害者的角色裡，結束這場旅行嗎？」這樣一警醒，我就慢了下來。不是勉強自己消氣，而是如實地問自己：事情眞的是這樣嗎？

眞的都是我在配合和犧牲嗎？表面上看起來都是他在決定行程，但那是因爲我沒有時間做功課，也沒有非去不可的地方，所以旅行前自願全權交給他決定。旅伴並沒有勉強我配合，一路上也不斷問我行程會不會太趕、景點會不會無聊。有些行程也因爲我體力不支，他特地提早結束或取消。

再來是「先吃牛肉麵、再去咖啡廳」的安排，也是先經過雙方同意的，因爲我們都以爲時間足夠。即使最後快趕不上飛機了，旅伴爲了不想讓我失望，也主動提議可以騎去咖啡廳，外帶個咖啡、拍拍照也行。是我自己不想這麼趕，才主動放棄。

當如實地看見眞相，我就能明白自己不是眞的「受害者」。旅伴一直有在爲我著想，只是一連串的隨機事件，才導致最後看起來是我被犧牲。

但與此同時，我也沒有忽略自己的情緒。畢竟我眞的沒去到期待的地方，加上這幾天日曬雨淋，身心已被磨損到極限，當下只有又累又失落。我可以不扮演「受害者」，但我還是需要接住自己的情緒。

於是我跟旅伴說，沒去到想去的地方我很失望，但這不是你的錯，只是我現在太累太沮喪，需要一點時間安靜。

在嘗試整理自己心情的時候，不知爲何突然想到最近看的《最後一次相遇，我們只談喜悅》[6]電影，是達賴喇嘛和屠圖主教的對談紀錄片。影片中兩位導師經常提起「把眾生當一體」，不分你我，自然不會有「你有、我沒有」的得失心——既然你我相連，你得到和我得到，對他們來說都是一樣的喜悅。

我的修行太淺，從來無法達到這種境界，不過仔細推敲當下的情緒，不正好是我認爲旅伴「有玩到」，我「沒玩到」而不公平嗎？如果我能把旅伴當成彼此是一體的，突然就可以跨過那個計較的坎——他有玩到想玩的，吃到想吃的，不代表我損失，我同時也有玩到啊！只是跟我預期的「玩」不一樣而已。

聽起來很荒謬，但那一刻我卻因爲這個心法，而眞眞實實地釋懷了。不滿的情緒完全消失，也不覺得被虧欠，甚至還覺得旅行很圓滿。事後我也好奇地跳脫出來思考，平常修行層次沒多高的我，怎麼有辦法做到這麼困難的轉念，仔細分析後發現，前提還是要滿足兩個元素：

第一：我平常沒有虧待自己，才不會累積「等著被償還」的心態和憤怒。

平常和旅伴相處的時候，雙方都秉持著「有意見就要提出來，沒說就視爲同意」的原則，一起旅行更是如此。我們會不斷確認對方的想法，提醒對方有不滿意要馬上表達，不讓自己被虧待。就算要配合對方的行程，也是經過衡量之後，自己願意才答應。

相處時沒有過度隱忍和配合，就不會有太多「舊帳」累積在關係中。衝突發

---

6. 此為原書名，電影名為《喜悅：達賴喇嘛遇見屠圖主教》（二〇二二年）。

生時，就不需要用力扮演「受害者」來索取償還，因爲平常就沒有覺得自己被虧待。

第二：對方平常也有足夠的付出，因此不必用「想開」來騙自己。

我在做心靈工作的時候，很怕案主問我：「如果在一段關係裡感覺不被善待，有什麼方法可以讓我想開一點？」

一段關係需要努力去「想開」，很可能是平常相處時，就已經感受不到對方的付出、或付出方式不是我們要的。在這種情況下，「想開」也不會是真的，更多只是找個理由騙自己撐下去——因爲「想開」比「離開」簡單多了。

但如果平常對方的付出足夠，方式也是我們需要的，衝突發生時，要「想開」其實容易很多。這次衝突發生後，我能夠很快地轉念成「對方也是自己的一部分」，說穿了不是我的內在修爲有多高，而是在平常的互動裡，關係已經累積了大量的資本，才能輕鬆把「對方有玩到，等於我也有玩到」當成轉念的心法，快閃金門的旅行最後不是以悶悶不樂坐收，而是雙方都心滿意足地踏上歸途。

一起旅行的人，是旅伴，還是旅「絆」？有時候一個巴掌拍不響，修練這門課的時候，**慎選一起踏上旅途的人。過程中學著不委屈，就算計畫偶爾不圓滿，內心還是可以很滿足。**

建功嶼退潮，可走通道上島

13｜金門
內向旅行者的貴人

二〇二四年四月中，我透過打工換宿的身分，搭飛機再次落地金門。上次來訪只停留短暫數日，去過哪裡幾乎都忘了。這次有整整一個月可以探索，出發前在地圖上註記了一連串清單，期待來個透澈的深度旅行。

誰知入住後卻連日多雨，幾乎哪裡都去不了。某日從民宿打聽到，現在東邊麥子已成熟，收割前的飽滿燦爛，四季中僅有此時，可遇而不可求。於是一個微雨暫歇的午後，驅車向東而行。

然而困於今年氣候異常，多數麥田青黃不接，一路追到高陽路，才在太武山旁找到了滿意的大片金黃。手忙腳亂地下車，壓著隨時會被吹翻的帽子，在金門毫無遮攔的風中，聆聽麥穗彼此摩擦，沙沙作響的碎語。

等終於聽得滿意，看得過癮，照片塞滿手機，時間也已錯過了飯點。原本想去的餐廳早就打烊了——每次都要旅行時才想起，自己是被台北慣壞的人，什麼時候想吃飯都有餐廳營業。但是在金門旅行，餐廳不照時間營業是常態，而且飯點一過準時收攤。尤其我還算半個素食者，很多東西不吃——那不好意思，錯過飯點，就要有去吃泡麵的心理準備，前提是你找得到便利商店。

我站在路旁手機滑了半天，看到騎車不遠的金沙鎮陽翟，有間「張阿姨麵店」還有營業，馬上心存感激地催油門上路。不過到了當地還是小迷路了一下，因爲位置很隱密，外觀根本就是民宅，第一次來很容易錯過。

推門進去和阿姨打了招呼，阿姨要我先進去裡面坐，再看要吃什麼。探頭看著客廳有兩位男子坐在沙發上，前面是醬料碟和遙控器，邊看電視邊吃得津津有味。我暗忖著應該是阿姨的家人吧？那這樣客人要坐哪？是更裡面的飯廳嗎？於是帶著尷尬的微笑，跟這兩位男子點個頭，就側身往屋子裡更深處走，結果被阿姨大聲喚回來。

「欸欸欸，你要去哪裡？就是這邊！」阿姨指著客廳沙發說道，兩位男子也連忙擠到旁邊的沙發上，空出位子給我。那一瞬間我才意識到，原來阿姨是直接把客廳當作營業空間——也就是說，不管來的客人彼此認不認識，全部都要圍在同一張桌子前，邊吃飯邊看電視，互相遞醬料碟，就像原本就是住同一個屋簷下的家人一樣。

當下震驚到不確定現在該大笑出來，還是嚇到立刻抓著包包逃走。但基於這一切實在太荒謬，好奇心於是勝過了尷尬癌，我在空出的位置坐下，按捺住內向者的緊張，眼睛咕溜溜地張望。

兩位客人原本就快吃完了，沒幾分鐘就放下碗筷走人。不過阿姨生意奇好，立刻又進來一組遊客，顯然他們也被這裡奇特的環境嚇一跳。不過不同的是，這兩位客人自帶非常活潑又親切的氣息，加上我好歹是先來的，心情已經稍微放鬆一點，沒有剛開始那麼坐立難安，於是很快就跟新的一組客人閒聊起來。

張阿姨的沙發有股奇特的魔力，大家在沙發上圍著坐一圈，很快就變得熱絡，開始聊起爲什麼來金門。喔，你來找金門的朋友玩啊！那這幾天去過哪些地方？有沒有推薦的店家？你們等一下要去烈嶼玩喔，我才剛來幾天沒去過，不過很想騎騎看新完工的金門大橋。啊你是金門人啊！那我有個問題哦，金門爲什麼老房子都會掛「○○衍派」的匾額？聽說這邊宗族連結很深厚，年輕一輩有感覺嗎？什麼，你竟然也認識我們民宿的老闆？金門的同溫層眞的很小耶！你說某間店是你朋友開的？好啊，我過幾天去那邊看看。

太武山前的麥田

明明平常很不擅長交際，連跟很熟的朋友只要太久沒見面，都需要敘敘舊暖場一下，才有辦法進入大聊模式。結果可能因爲旅人的萍水相逢，知道彼此都是來闖蕩的，彼此會少很多戒心。

加上在堆滿雜物的客廳吃飯看電視，實在太有居家的感覺，很容易打破隔閡，最後我們還加點食物一起分享，甚至連阿姨也來湊一腳說：「我這邊有地要賣哦！你們要不要幫忙賣？地就在附近而已啦，要不要去看看？」

這又是一個「如果只有我一個人，我絕對不會去做」的情境。如果只有自己一個客人，大概只會點頭微笑「是喔是喔，好喔。」敷衍過去。但新朋友非常外向，阿姨問要不要去看地，馬上就回答：「好啊走啊！我們去看阿姨的地！」、「看看又不用錢，不吃虧啦！」說著包包放下就起身要走。

當下已經笑到快斷氣，馬上也跟著站起來說好啊好啊，一起去看啊！人生有多少機會一個人飛到異鄉，錯過飯點莫名和陌生人共桌，吃飯吃到一半還要去看阿姨要賣的地，這麼荒謬的事情幾輩子才遇得上。

要賣的地就在餐廳附近，看完以後阿姨似乎對我們很滿意，開始聊她的女兒、外孫女、聊她以前在印尼的餐廳是排隊名店、麵條都是自己做的。說著說著還打開臉書，讓我們看她當年製麵的影片，又順手點開 Line 要我們加她，以後要來可以打電話。

我從頭到尾話都不多，因爲笑到翻過來的時間更多，除了歡樂以外，內心也是對老天滿滿的感激。

我雖然愛旅行，卻是個內向的旅行者。曾經讓我挫敗的是，在國內外不同地方，我都分別旅居過一個月，明明在當地有上課、有常去的餐廳、甚至有共住同一層樓的室友，卻完全沒交到任何朋友，也沒有人主動跟我說話。我只能每天在網路上查哪裡好吃好玩，完全打不開「深度旅行」的那扇門。當時默默認定，像我這種內向又容易尷尬癌發作的人，無法馬上跟別人聊這麼開，在旅途中交朋友眞的有困難吧。

但這次遇到外向的新朋友們，毫不怕生地搭話，又有滿滿的行動力，明明就沒有要買地，看阿姨一直推坑，也海派地一句：「去看看又不會怎樣。」大刺刺地就跟去了。我這個在旁邊笑翻的觀光客，才有機會體驗「只是來旅居的台北人，跑去金門小鎮和印尼阿姨看她要賣的地」這種超離奇又有趣的經歷。

這段奇特的緣分，也讓我在心底悄悄原諒自己了。以前會羨慕這些外向的人，

張阿姨麵店

好像有很多觸角可以接觸世界。但現在我知道，身為內向的旅行者，也可以不勉強自己外向。

即使不主動說話，只要散發著友善的頻率，以及對世界的好奇心，就是一種最好的邀請——頻率本身是一種觸媒，甚至超過言語。

現在想想，以前在旅行時很難交到朋友，除了不擅長主動開口以外，身上也確實散發著防衛和恐懼的頻率。陌生人就算起了搭話的念頭，大概也會被那帶刺的氣場扎到，而默默決定放棄吧。

但時隔多年至今，內心也因為長期的心靈修練，慢慢變得柔軟而快樂。從過去努力裝親切也還是交不到朋友，到現在即使沒有特別開口，不熟的鄰居也會親切跟我道早安、便利商店店員主動跟我分享好東西、平常不親人的小動物都會主動來蹭。

頻率，真的是內向旅行者說話的方式。就算拙於社交也沒關係，只要維持開放的心，回應這些別人遞過來的主動，就算慢了一點，也能打開這個有趣的世界。

這些友善的人，都是我們內向旅行者的貴人。

14｜金門

好頻率，是無常中的幸福祕訣

在金門旅居的某一天，我到後浦老街散步。經過歷史悠久的觀音亭，一大群校外教學的學生，正嘻嘻哈哈地從裡面走出來，人人手裡拿著一張粉紅色的詩籤，邊互相探頭看彼此抽中了什麼。

我平常很常到廟裡走動，但除了合十祈禱以外，並沒有擲筊抽籤的習慣。倒也不是基於「人要相信自己的力量」這種鐵齒，純粹是，我這人容易胡思亂想。如果抽到看起來不妙的籤詩，難保會整天心神不寧，成天擔心壞事臨頭，那倒不如不抽，省得自己嚇自己。

正準備轉身離開的時候，聽到導覽員拿著第五十首籤詩的紙條說，這就是金門赫赫有名的盧將軍，當年打算從軍前，到觀音亭求到的籤。因上面有「此物原來本是鐵，也能變化得成金」兩句，而決定把本名「盧鐵」改成「盧成金」後從軍。後來盧將軍果然驍勇善戰、戰功彪炳，金門現在還保留他的「將軍第」，裡面有一塊清朝皇帝賞賜的紫禁城黑金磚，我幾天前也才親眼見過。

說到底，我也是個腦波弱的生物。耳朵才剛穿過這段話，腳步就立刻掉轉走進觀音亭，想說這麼靈驗當然要試試看，破例也爲自己求了一支。

結果拉開抽屜瞄了一眼籤詩，我內心就緊了一下。怎麼上面的字句看起來好像不太妙？我用自己的話去理解，大意是：「現在會有很多不順利，不要白費心機做太多努力了，這些事發生都是有原因的，就好好休養生息吧。」

第一時間自然是緊張的，腦中各種自言自語開始竄燒：「天啊，接下來會發生什麼事嗎？我會大難臨頭嗎？」、「眞是後悔死了，早知道不要抽了啊，爲什麼我要抽籤啦！自己嚇自己！」、「等等，我剛才抽籤的流程好像不是很正確，那這樣會不會不準？」、「對啦，我沒照程序抽所以不準啦！不要想太多，放寬心！」即使這樣努力找理由安慰自己，內心的小劇場還是你一言我一語地碎嘴：萬一、萬一眞的是準的呢？我會不會因爲忽略老天給我的警告，而發生不幸？我站在充滿歲月感的莒光路街頭，拿著籤詩開始恐慌起來。

就在此時，我腦中同時浮起一個疑問：「好吧，就算這張籤詩是眞的，但它上面說我現在『不順』，那這個『不順』的日子，也未免過太爽吧？」

仔細想想這整個月，我都在金門四處遊山玩水。什麼工作都沒安排，整天起床就在想今天要去哪裡玩，唯一的例行公事，是在百年古宅裡，用暖暖的太陽曬被單，再去庭院裡餵貓。每天的煩惱是今天要吃哪間廣東粥配油條，再來碗在地美食炒泡麵。這種被人家說「過太爽」的日子，如果還要說「不順」，我都不曉得什麼是「順」了。

然而就在這同時，我也想到一個有趣的故事。有一位內在修爲很好的老師，曾經在年底時被人算命說，你今年很不順吧，有各種災難臨頭，一定過得很辛苦。

那位老師聽了很詫異，想說：「有嗎？我覺得我今年過得很好、很幸福啊！這個算命結果不準吧？」但仔細一回想，才意識到確實有，只是當下事情發生時，他並沒有覺得那是「不順」，而會覺察內在被觸動了什麼課題，好好梳理、帶著理解和溫柔去面對，結果皆大歡喜，他才會覺得「一切都很順利」。

我仔細回想，對耶，眞的要說「不順」，我確實也想得到很多。上個月在尼泊爾這塊靈氣逼人的土地旅行，加上剛完成高強度的閉關，簡直像有整個老天作靠山。那時需要什麼幫忙，內心跟老天許願就有。遇到任何挑戰，也都有奇妙的機緣來化解。時時都能感受到老天的恩澤，一切都非常順遂。

歐厝海灘之沉睡的戰車

但是來到金門，可能時運的「流」真的開始不順，加上修行強度下降，那種「要什麼就有什麼」的奇蹟感就減少了很多，甚至還常遇到「怎麼這麼不巧」的事情。

例如前一天去烈嶼的「雙口海灘」，那是一個距離廈門非常近，用肉眼就能見到對岸高樓的地方。我騎了老遠的路，越過了金門大橋，明明一路上天氣都還可以，但剛抵達海灘時，毫無預警地一陣狂風暴雨席捲而來。其他遊客都紛紛開車或上遊覽車逃走，但我是騎摩托車，只能先狼狽地衝到最近的涼亭避雨。

可是就算有屋簷，縮在最角落的位置也沒用。那裡除了會滴水，風還挾著冰冷的雨不斷潑進來。我裹緊外套左閃右躲，低頭滑手機也一直被淋到螢幕，只能先收進口袋。雨聲更是潑辣到耳機擋不住，無法用聽音樂來轉移注意力，於是被困在涼亭瑟縮發抖了超過一個小時。

又或者計畫去聽一位很棒的老師導覽，好不容易等到那一天到來，卻剛好遇到下雨出不了門，只好看著天空飲恨放棄。前陣子騎車時，不小心被底盤卡到腳踝，痛到當場哭出來，貼了好幾天的藥膏才好。春天的金門天氣一日三變，洗好的被單經常早上拿出來曬，下午又被雨淋濕泡湯，只能全部再抱去洗一次。

但神奇的是，在這所有的過程中，我都沒有「現在很不順」的感覺。被暴風雨困在涼亭裡，索性就在滴水的屋簷旁，聽著雨打在海面的兇猛聲音，開始闔眼靜坐，慢慢也就沒那麼顫抖了。等睜開眼睛時，還覺得一個人在暴風雨中包場無人海灘，廈門在遠方若隱若現的經驗非常新奇。

雖然沒聽到想聽的導覽，但後來也參加到其他優秀老師的團，那個場次還能親自參與「存德中藥行」的打烊秀——幫忙搬起厚重又古老的木條，卡進門口的溝槽，充滿儀式感的過程讓我開心到蹦蹦跳跳。腳踝卡到當下很痛，但幾天後就好了，我也就沒放在心上。被單一直被淋濕很懊惱，但這促使我學會了金門人的技能——看「Windy」氣象APP，學會掌握幾小時內雷雨胞的動態。

原來很多時候，**「不順」確實存在，但這個「不順」會導致更壞或更好的結果，常常是由一個人的「頻率」決定。**如果我們頻率低落，遇到什麼事都先往壞處想、自怨自艾和對抗，那可很能原本只是小小的不順，我們卻自找了更多麻煩。

好比說，如果我當時被困在海灘涼亭，行程耽擱又受凍，內心充滿憤怒，氣得只想冒雨離開。結果搞不好因爲路不熟，淋了更多雨而感冒；或是太想逃離現況而騎太快，不小心打滑摔倒。那我就是把原本的小不順，變成後面一連串的壞事。

但如果像那位內在修爲很好的老師，即使眞的遇到諸多不順，但他的頻率讓他擁有輕鬆度過的能力，甚至還會覺得「這是好事」，根本想不起來哪裡不順，也在學習化解的過程中得到更多智慧。那樣「不順」對他來說，更是被轉化爲「禮物」。

我回想那支籤，慢慢也覺得踏實起來。確實，我來金門遇到「不順」的流，密度有比之前高，但我都帶著好頻率去轉化，大事化小、小事化無，最後看起來還是開開心心。日日早起練瑜伽、下午到處探索世界、寫稿吃甜點、晚上回古厝睡個深沉的好覺。

我在自己的 Podcast 頻道《柚子甜剝心事》錄過一集〈EP 59 幸運體質一定都會遇到好事嗎？「好好調頻」如何轉化壞運氣？〉，正好就是在談論這樣的主題。那些常常遇到好事，被說擁有「幸運體質」的人，是人生都只遇到好事，壞事都繞道避開嗎？並不是，因爲人世間本質就是「無常」——好事和壞事，就像潮水一樣自有定時，每個人都有份。

但我仔細觀察這些看起來幸運的人，他們生活中，其實也常常遇到壞事。但因爲他們日常照料好身心，自帶善念和飽滿厚實的能量，遇到挫折時，常常不認爲這是什麼壞事，不會過度放大，還常常反轉成好結果，所以看起來就好像「一天到晚發生好事」。

你呢？遇到「不順」的流出現時，你是跌打損傷，最後滿身汙泥；還是勇敢接住這些衝擊，最後擦出美麗的浪花？

如果是後者，那恭喜你，人生這場旅行，無論如何你都會是快樂盡興的那一位。

如果你常常是前者，沒關係，好好生活，好好調養身心頻率，時常練習覺察，你也會漸漸成爲能轉化壞運氣的人。

回頭想想那支籤，我覺得它確實是準確的。但更慶幸的是，我在日常已然養好頻率，於是在不順發生時，不但沒有撕裂成更大的不幸，還讓它們變成旅行中難得的記憶。謝謝老天讓我看見這一點，對我來說，這是更珍貴的提醒。

金門口袋名單

・太澎湃了所以用 Google 圖層分享（用網頁版開啓可以看到柚子甜的備註文字）

・金門四天三夜行程規劃：
適合人士：會騎機車、喜歡人文歷史、老屋古厝、愛聽深度導覽、喜歡大自然、文青風格、想要好好充電、慢活滋養的同好。

15 馬祖東莒

人情，是我收過最美的禮物

這張在旅行拍的照片，被我暱稱爲「東莒祕境」。倒也不是眞的神祕到難以抵達，而是淡季人少，也沒有告示牌指引，被我無事閒晃巧遇，立即被眼前美景震懾。於是日日走「魚路古道」來訪，長坐良久、吹風唱歌、眺望港灣斜陽，離開時都沒遇過人，如此獨享美景的奢華，故被我暱稱「祕境」。

但眞要說起來，在東莒前後住了近半個月，最讓我難以忘懷的，也不是祕境，而是我帶回來一項非常寶貴的禮物，就是「人情」。

東莒，眞的是一個很特別的地方。它是馬祖四鄉五島的其中一島，和西莒合稱「莒光」。東莒地方小，騎摩托車半小時就環島了，我在島上幾乎是徒步維生。東莒對外交通不便，從台北去最快也要從松山飛南竿，再從南竿搭一小時的船才能抵達。

但也因爲這樣，這塊小島不會囤滿大量遊客，大部分都是來了又走，頂多過一夜。像我這種前後住了十來天，而且每天都在大家面前晃來晃去的外地人，很容易看熟了，就變成半個「自己人」。

馬祖人幾乎彼此都認識彼此，就算不認識，打聽一下大多也有幾層關係。東莒人更是如此，到處都是親戚，或是親戚的姻親，親戚的朋友。我因為在同個民宿住得久，晚上被邀下來喝一杯，你敬我我敬你，講幾句無傷大雅的幹話，整桌拍手大笑，來啦再乾一杯，「關係」就這親暱地建立了。

我從小到大，出生長大念書工作，一步都沒有離開過台北。鄉下長輩也過世得早，小時候完全沒經歷過純樸有人味的生活。都市生活便利且自成一格，已經到了不太需要「他人」的程度。

自我有印象以來，所謂的「他人」只分成兩種，一種是「要小心」的陌生人，一種是「不能輸」的同儕。所以「人際連結」這個詞彙，代表的是亟欲逃離的壓力。長年下來，自然長成疏離而獨立的形狀，做事只想靠自己，不想麻煩別人，甚至連家人和伴侶都不願依賴。

但是在東莒，我三十多年來，對人微笑但保持距離的薄膜，被人們的熱絡和善意軟化褪下了。

馬祖東莒夕陽祕境

比方說，剛到東莒的那兩天，明明我只有一個人，天氣又冷又霧，大浦聚落的民宿老闆娘還不厭其煩地每晚來喊我，親自帶我去看燈塔，看夜間的海港和廟宇。第一天騎車的時候，還怕我摩托車沒油，特地把另一台加滿騎來找我，和我換了車才回去。

後來換住另一間鬧區民宿，一天晚上被民宿主人邀請，下樓大家同桌喝個酒，一顆一顆地吃當天現挖的佛手（一種螺類）和新鮮鱸魚生魚片，彼此報個名字，聊開了，問說你明天要去哪？西莒喔，這裡有兩位大哥都在西莒工作啊，明天就請他們照應你，幾點？在哪裡集合？他們送你上船，不會啦不麻煩啦。

隔天我就成就解鎖，進了公家單位和前一晚認識的大哥打招呼，還跟其他公務員一起泡茶聊天，搭了順風車去港口。之後還因爲人情借到了摩托車，玩了西莒一天再回來。臨走前車子停港口，鑰匙插著無妨，主人也不擔心被偷。「西莒就這麼小，偷了他是能騎去哪？」他豪邁地擺擺手。

東莒的福正村有很多貓，我幾乎日日來訪，當地的愛貓大叔都認得我，看風大，關心地問說要不要進去拿件衣服給我穿。後來徒步走回去，半路大叔騎車從後面追上說，要不要順路送你一程？以我過去都市人的反應，一定會尷尬提防地說沒關係不用了，但這次我只停頓半秒，就說好啊，謝謝！就跳上了後座。

不只是因為我相信這裡的人，相信這裡的治安，還有，我想給自己一次機會，不要推開別人的善意。

大叔把我送到村裡，揮揮手，摩托車就掉頭回去了。我一愣，原來他不是順路，他是看我一個人走，怕太遠太累，專程來載我的。

這就是東莒。

因為待的時間夠長，長到足以和人產生連結，長到足以被當半個「自己人」，因此能看到的世界，和旺季觀光客很不一樣。

你可以想像嗎？我在台北住了多年，尚且和鄰居擦肩而過時，彼此都像怕招惹麻煩似地直視前方，頂多點個頭，就匆匆錯開身子而去。

但是在跨個海，要轉一趟飛機一趟船的地方，我在便利商店買東西，會被店員熱情問：「啊，你還在喔！」在鬧區散步，會被打招呼：「午餐吃了嗎？」在港口搭船，會有當地熟面孔跟你揮手：「哈囉！你回來啦！」

更不用說民宿的一家子，每個都對你極好。年輕漂亮又細心的媳婦怕你吃膩，每天變花樣做好吃的早餐給你。老闆娘跟你分享經營民宿和飲料店的心法。在小吃店遇見民宿老闆正在跟朋友喝一杯，馬上熱情地拿碗拿杯子拉你坐下，結果又這樣不小心認識了同桌的東引民宿老闆。過幾天我去東引迷路的時候，還在路上巧遇他幫我指路。

這種互相需要，互相信任，又互相支援善意的人際關係，讓我疏離而孤寂的靈魂，產生細微的震動。我心底自然明白，人際連結緊密的地方，並不是百分之百完美，久了也會有它的困擾。但我開始覺得，一個冷漠而社恐的都市人，因爲這份人情的悸動，開始願意承認自己也需要別人，願意接受別人的善待，並且眞心誠意地說謝謝（並且不要馬上誠惶誠恐地想著怎麼報答，這裡不是你的主場，你報答不了的，眞心感謝就是了），這才是人際長年斷裂的我，當下最需要的光亮。

旅人在旅途中，會變得堅強又脆弱。

脆弱是我被迫放下舒適圈的資源和控制力，把自己拋在需要他人的地方；堅強是我從一次次地敞開中，我又變得更加柔韌與圓滿。

回台灣之後，很明顯地感覺自己有不一樣。

我開始會拜託媽媽幫我做事，不再什麼事情都板著臉自己來。我會在路過有可愛浪貓的店家，主動蹲下來逗貓，並且和店家熱絡攀談，問說貓咪叫什麼名字呀、幾歲呀、怎麼這麼可愛。早上在家修剪爆盆的蘆薈，以前都會直接回收，這次卻會主動拍照上傳地方社群，問說有沒有人想要，免費贈送。

只是一點點不一樣的動作，卻明顯感覺自己變溫柔了。**願意多做一點點事，讓我感覺自己從疏離而獨善其身的人，變成推動都市裡「人情味」的第一波浪**。

而且我沒有勉強，我覺得很幸福。這種願意遞出一點溫度的日子，意外地讓我平常焦躁的心平靜下來，給我一種恆定的安全感。

大概就是身心靈說的：你知道有力量隨時會支持你。

謝謝東莒給我這份禮物，我以後一定還會再回去的。是，我用「回」這個字。

馬祖口袋名單

- 南竿：介壽市場鼎邊糊、津沙聚落、津沙小館、夫人咖啡館、鐵堡、北海坑道、大漢據點、馬祖民俗文物館、媽祖巨神像、科蹄澳夕陽、大砲連
- 北竿：芹壁聚落、僑仔聚落、大坵島、坂里大宅、壁山觀景台、螺蚌山生態步道
- 東莒：找茶民宿仙草奶凍、楓樹林小吃（好吃到如果要再訪東莒，我一定要確認這間有開才去）、神祕小海灣、大埔聚落、魚路古道、福正聚落、東莒燈塔
- 西莒：山海一家、有容路榕樹隧道
- 東引：安東坑道、國之北疆、一線天、燕秀潮音、東引燈塔

北竿芹壁聚落

16 小琉球

好與不好，圓滿接納，即是修行

從尼泊爾上完閉關課後，每天要練習的瑜伽功課，總計長達一個半小時。

練習前還要空腹四小時，這表示我不是隨時想練都能練。最好是早上剛起床，已在床上躺滿八小時，保證滿足空腹條件。從此，以瑜伽開啟一天的清醒，練完再手作一份簡單而營養的早餐，成了我的新生活模式。

以前的我絕對無法想像，有一天我會過上這樣的生活。從前的我是個晚睡晚起的夜型人，筋骨很硬又沒耐性，因此不喜歡瑜伽、也不喜歡靜坐。但後來接觸這套修行系統，對我的身心能量有巨大的轉化，我從一個厭世又情緒起伏不定、批判性極強的人，蛻變至精神長期處於飽滿與喜悅，那是我多年追尋而不可得的層次。

於是現在就連短期旅行，也都老老實實帶上輕便型瑜伽墊。包括這次去小琉球旅行，住的是背包客棧，沒有私人空間。我也選擇清晨五點就起床，摸去中澳海灘角落，對著日出與海洋鋪開墊子，合十開啓一天的練習。

「日出瑜伽」，聽起來就夢幻得不得了。東方那顆金光燦爛的球體，不是從海平面升起，而是從中央山脈的崎嶇稜線後，破雲而出。沙子細緻乾淨，海水在清晨是寶石色，溫和的浪潮，挾著金色波光，推送成群划SUP立槳的人影。而沙灘杳無人煙，只有自己的梵唱與海浪聲迴盪。

在這樣的景緻前練瑜伽，一定滿滿的享受吧？是，但也不是。

在大自然裡面練習，頭頂天空、腳踩大地、皮膚吸收朝陽、吐納乾淨空氣，能量確實比關在都市的房間裡練，紮紮實實地飽滿好幾成。但大自然也有它的缺點，比如說沙子的支撐力其實很弱，表面又凹凸不平，初學者練起體式左支右絀，只能勉強有個型，沒辦法好好做到位。

且清晨五點半就開始練習，看起來很早，但沒多久太陽就升起了。六月的小琉球非常曬，海灘上又毫無遮蔽物，即使練習時閉著眼睛，還是覺得好熱、好刺眼。

中澳海灘。日出從中央山脈後方升起。

瑜伽練到一半得要主動轉身，改成背朝太陽，靜坐必須用薄外套蓋住臉，才能避免被烤成焦炭。

但最讓人難以忍受的，是鋪天蓋地的蒼蠅。海灘上沒有其他人，一個大汗淋漓的瑜伽練習者，對蒼蠅來說是「早餐」的同義詞。於是手臂彎、指頭、額頭、臉頰、脖子、嘴唇，無一不是蒼蠅撞上來，磨磨蹭蹭亂爬的地方。我極怕癢，這些細碎的觸感對我來說是煩躁的擾動，揮揮手趕走，不出幾秒又撞上來，煩不勝煩，只能把薄外套穿上，躺下大休息的時候，也用薄外套蓋住手臂和整個頭，才能放鬆閉眼，不然牠們甚至會在鼻孔附近亂爬。（當下心想遊客撞見會不會嚇死，海灘角落怎麼有個人躺著，用布蓋住臉。）

剛躺下的那一刻，我內心是懊惱的——懊惱自己的修行不夠，怎麼就沒辦法無視這些蒼蠅干擾？懊惱明明在陽光明媚的沙灘上，對著中央山脈的日出練瑜伽，怎麼就這麼煞風景，被蒼蠅追得滿頭包？懊惱剛剛的練習是不是沒有效果，呼吸都亂了，動作也不紮實，是不是白白浪費了時間？

我躺在瑜伽墊上，靜靜地平復呼吸，腦中此時浮現一句話：「好與不好，圓滿接納，即是修行。」

過去的我，也曾經聽過類似的話：「好與不好，概括承受，即是修行」。但是「概括承受」這個詞，對我而言有太多忍耐、負重、勉強自己的含意，很像小時候被長輩逼著吃飯：「喜歡和不喜歡都要吃，才會長大。」

可是腦中浮起「圓滿接納」這個詞彙，我很喜歡。明明是同樣的意思，卻微妙地扭轉了心境，因爲它讓我感覺「拿回力量」。

好比在日出的沙灘練瑜伽，本身當然有美好的光景，但也確實有惱人之處。我可以百分之百享受它的好，但也可以主動長出彈性，接受它的不好——不好的地方，能試著改變我就改變，例如披件薄外套，遮蔽豔陽與蒼蠅。如果還是不能完全改變，我也可以練習調整心境，告訴自己：「這就是大自然啊。」把呼吸放緩，和這份不舒服共存，甚至可以平靜離開，不需要困在懊惱裡。

「好與不好，圓滿接納，即是修行。」旅行中遇到好與不好是如此，在關係中遇到的好與不好，似乎也是如此。有時候在混濁的世間裡，遇見一個人，內心投射了很多期待，希望他的方方面面，都只有光明，沒有黑暗。

但是在某些角落，卻發現他也有不堪，如陽光海灘也有揮之不去的蒼蠅，於是內心湧起了抗拒：「他怎麼可以這樣！」或憤怒指責、或努力想扭轉對方——美其名是在爲關係努力，可是這份「努力」的背後，卻是對「破滅」的巨大失望。

這時候，需要的不是更努力扭轉，而是學習接納。但是很多人，會先把「圓滿接納」和「委屈隱忍」畫上等號。

「委屈隱忍」，是對好的放不了手，又不想要接納壞的存在。於是轉過頭去，不想看見現實，盼著哪天能熬過日子。這樣的「隱忍」看似百般順從，其實打從心底，一刻都沒有「接納」過對方真實的樣子。

「圓滿接納」眞正的涵意是：我欣賞你的光明，也看清你的黑暗，我也願意長出能力，來接納這個兩者。但接納是一種「心理狀態」，並不代表「行爲上」的無限忍受。我同時也有權決定，要留下來還是離開。

如果這份黑暗，已經超過我們承受的範圍，當然可以試著提出來，討論彼此都能接受的方法。但若遲遲未果，在接納這個事實的同時，我們也有權決定保護自己，溫柔而堅定地離開。

有時候很神奇，正因爲「圓滿接納」了，原本離不開的人，反而開始有勇氣離開——因爲好與壞都能直視的人，自然可以看見完整的事實。知道彼此不適合、知道雙方都沒有錯，就只是沒那個緣分。此時的「離開」，沒有懲罰或威脅的成分，是知道本該如此，因而輕輕地，安放彼此回該有的位置。

練完瑜伽，合十感謝天地。我從沙灘起身那一刻，因爲這份領悟，而多長出了一份安然。

我在小琉球，練習接納沙灘上的陽光與海洋，也接納了炙熱與蒼蠅。捲起瑜伽墊，回到濁世生存，開始學習好與壞並肩，光明與黑暗共存。

那一刻我明白，修行不只是優雅的瑜伽體式，和陽光海灘，也是有空間，能夠容許蒼蠅飛舞。

小琉球口袋名單

・花瓶石・望海亭・美人沙灘・落日亭・柴燒粉粿・發福日式手作飯糰・小小島咖啡・琉夏萊餐館

靜坐要用薄外套蓋住頭，避免曬傷。

17 日本仙台
仰賴他人善意而活的旅行

經常旅行的人，回來後都會不約而同提到一句話：他們在旅途上遇到太多太多人的幫助了，而這也讓自己變成一個願意付出更多善意的人。

以前我不太理解這是什麼意思，被人幫助當然是很高興，但是他們說著這句話時，都是發自肺腑的感激涕零，也因此讓我一直好奇又困惑。

直到去仙台旅行，我終於可以理解那是什麼樣的感受。

旅行者都是脆弱的，即使遇到一連串挫折，也依然要硬著頭皮擁抱世界，不然根本沒辦法繼續走下去。而這時候遇見萍水相逢的陌生人，對方明知道就此別過之後，彼此再也不會見面，卻還是盡心盡力的幫助你，那個善意背後完全沒有算計，因而更能讓旅行者刻骨銘心。

在仙台自助旅行爲期六天，第三天晚上，我在I

G上發文感嘆，希望自己的日文能進步到去居酒屋點餐無礙。因爲有些太在地的地方，不用說根本沒有菜單、就是菜單對外國人來說太複雜，老闆也常常不講英文。當時 ChatGPT 還沒問世，翻譯軟體又沒有考慮文化脈絡，翻出來的往往牛頭不對馬嘴。加上我又有一些飲食禁忌，不小心點錯是沒辦法硬著頭皮吃的，種種原因綜合下來，導致我在台灣雖然很愛吃居酒屋，但想在日本點餐簡直困難重重。

隔天的中秋節晚上，就有一段奇遇。

當時在網路地圖上，查到一間評價還不錯的居酒屋，而且是走路就到的距離。最中意的是菜單照片裡，已經有組合好的套餐，不用費盡心思想要點什麼，價格也不貴。我想著乾脆去看看好了，搞不好眞的能吃到一頓道地的日式料理。

結果順著地圖走去，來到那間頗具昭和風情的老派居酒屋，竟然藏在地下一樓。順著樓梯往下推門進去，此時完全沒有客人，老闆和老闆娘用流利的日文招呼我，我頓時嚇傻，只能侷促的比一個手勢，問說請問有 MENU 嗎？

老闆娘和老闆看起來是完全不會英文的，也手足無措的拿著 MENU，用日文問我一串問題。我想說完蛋了，如果菜單上沒照片，沒辦法看圖說故事的話，這樣根本不知道怎麼點菜。但是要離開嗎？當下被這麼熱情地圍住，馬上還菜單走人也很尷尬，用英文解釋老闆又聽不懂，到底該怎麼辦才好。

正在進退兩難之際，櫃檯旁邊突然走出一位年輕人，問說"English OK？"非常字正腔圓。我很驚喜的問說，喔喔喔英文可以，那請問你們是地圖上這間店嗎？你們還有賣照片上這種套餐嗎？

年輕人看著螢幕跟我說：「對，我們是這間店沒錯，但是現在沒有這個套餐了。不過如果你想吃上面的東西的話，我們還是可以提供哦！」

那當然沒問題呀，我就告訴他說我有什麼是不吃的，其他隨意他們決定，接著就被熱情招呼我去吧檯座位，老闆也在聽了翻譯之後，熟練地拿起生魚片刀，開始準備要給我的套餐。

首先第一輪，老闆上了一些日式小菜、濃郁又滋味豐厚的魚肝、味噌湯、醇甜的熱清酒、以及極爲鮮甜到會回甘的生魚片冷盤。

我忙到筷子都停不下來，最大的煩惱是每一道都好吃，不知道要夾哪一道。正吃得過癮時，老闆笑咪咪地拿出一個大碗公，要幫我添上滿滿的白飯。我連忙阻止說，小碗就好，小碗就好。雖然仙台的米頗負盛名，極爲香甜軟Q，這幾天吃過幾次，堪稱是此生最好吃的米，但總要留點胃來吃其他的下酒菜。

Yanchabouzu 居酒屋

而剛剛說的這些，還只是前菜。當我在吧檯吃到酒酣耳熱，覺得差不多要收山的時候，老闆還一直追加各種自己做的醃菜、一盤炸比目魚配糯米椒。當我想說解決完這盤應該差不多了，眼前突然又多出一盤手掌大的厚切烤鮭魚，還問我這樣夠不夠，不夠他再去加菜，一副怕你沒吃飽的樣子。我連忙搖手說夠了夠了，眞的吃不下，他才心滿意足地繼續招呼其他客人。

一直加菜的熱情只是基本款，中間客人陸續進來，空間很快就客滿了。但是老闆、剛剛幫說英文的年輕人（也就是老闆兒子）一邊忙碌著，依舊很熱情抽空跟我聊天。年輕人英文極好，而我跟不會英文的老闆講話，就請 Google 幫我直接翻譯成日文。於是雙方的母語雖然不一樣，科技和熱情卻讓我們足以跨過這層距離，整個晚上聊得非常開心。

一問之下才知道，原來老闆兒子在美國短期念書過，而且明年就要去當英文老師，難怪英文好得不得了，是幾乎沒有口音的那種漂亮。

他們說我眞的很幸運，老闆兒子平常不一定會來店裡幫忙，今天剛好在才有辦法翻譯，讓我享用一頓驚喜的道地美食，還能現場目睹居酒屋的日常。

沒錯，日劇裡不是很多居酒屋，都會有那種拉門包廂嗎？很多日本大叔下班後，脫了皮鞋來喝酒、吃生魚片和小菜，那樣熱鬧的庶民場景。

這間店就是那種道地的居酒屋，我整個超興奮地看著下班時刻，西裝筆挺的大叔們進進出出，每個都很有規矩，脫了皮鞋，整整齊齊地在台階邊排好，就走進包廂坐下。整間居酒屋的店員似乎都和他們相熟，用連珠炮般的日文熱情吆喝打招呼，活生生就是日劇場景啊，簡直看傻了眼。

我跟老闆兒子說，以前只有在日劇上可以看到這樣的場景，現在是親眼看到，覺得很興奮。他們笑著說，對啊，第一次看到會覺得很新奇，但是對他們來說，這個就是他們的日常。

邊吃邊聊天，邊好奇地四處打量，眼睛和舌頭都很忙，最後吃了快一個半小時，才把澎湃的菜色吃完，飽到不行地去結帳，發現店家只跟我收一千九百一十日圓，換算當時的匯率是台幣四百一十二元。

心裡忍不住想，老闆你眞的沒虧錢嗎，我在台灣吃這個分量和等級，還喝了一盅清酒，應該要破千不只了，四百一十二台幣，到底是穿越回哪個年代的物價。

結完帳要離開，老闆兒子還騰出空檔送我上樓，問我晚上吃的還習慣嗎？

我當然大讚說非常滿意，我在這裡度過非常特別又美好的時光，還跟他拍了張合照，還說他以後一定會是很好的老師，他也很開心的跟我握手，說我也會是很好的作家，客氣又開心的送我離開。

過馬路時抬頭看向天空，中秋節巨大的金色滿月罩著大地，空氣一掃前兩天下雨的陰霾，夜空是週末夜的輕快乾爽。

我在心底默默合十感謝老天，這麼快就應許我昨天許的願望：知道我嚮往道地的居酒屋，但是語言沒辦法溝通，隔天就讓我誤打誤撞走進一間店，還遇到英文超級好的日本人。不但可以幫我翻譯，一道又一道送上拿手菜招待，還讓我親眼見識到堪比日劇的熱鬧場景，簡直是多個夢想一次完成。

但更讓我打從內心感動的，是那股純粹的善意。

明明很可能我以後也不會再來了，也沒什麼能力帶來新客人，甚至這次也沒花多少錢。

但是坐在吧檯上，近距離看到店家切生魚片時的專注與快樂、對客人的好客熱情、以及很希望給外國人一個美好回憶的誠懇，都讓一個脆弱又疲憊、語言也一直碰壁的外國人非常非常感動。

「因爲遇到這樣的好人，也讓我想要成爲一個充滿善意的人。」於是很自然地，我也在中秋節這一天，蛻變成了這樣的旅行者。

希望你也在旅途中遇到這樣的人，總有一天，你也會帶著溫柔的笑意說出這句話。

＊　＊　＊

後記：文中的居酒屋店家名稱叫「Yanchabouzu」，距離仙台站走路二十分鐘左右，勾當台公園附近。有去仙台的朋友可以試試，但強烈建議會講日文，因爲老闆兒子不一定在，而老人家英文是完全不通的。

如果想靠比手畫腳和翻譯軟體碰運氣，剛開店就進去的話也比較適合，因爲六點之後日本上班族都來喝一杯，店裡會很忙，所有人都衝來衝去，用翻譯軟體慢慢溝通，店家可能會有點麻煩。

如果店家好奇怎麼找到這裡，可以說是二〇二三年九月底，曾經來過的一位台灣女生作家推薦的，不過，希望店家過這麼久還記得啦！

18 | 日本仙台

旅行後的憂鬱，只有下一張機票才能治癒嗎？

以「觀光客」的標準而言，我去仙台的季節很不是時候。

九月底十月初，葉子都還綠著，街上豔火連天的「楓情」都還只藏在明信片裡。連太陽都鮮少露面，踏出室外馬上陰陰冷冷地起雞皮疙瘩，帶來的傘從來沒乾過，像極了台北剛入秋冬的時分。

至於爲什麼會選這個時候來，說穿了也不是打著什麼「淡季比較便宜」的算盤，只是爲了配合旅伴的中秋連假，而恰好仙台也是我們都想去看看、不會太過都市、也不會太過冷門、飛機有直飛、又不會滿街台灣人的這樣一個選擇。

本來已經做好「沒楓葉也沒關係，能出國就開心」的準備，沒料到九月底的仙台，竟然跟台北一樣很會下雨，拍什麼都蒙上一層灰，有點遺憾是眞的，但這時候也讓我見識到——一個地方之所以是觀光大國，不能單看風景名勝這種「硬實力」，而是在抹去天地賜與的優厚之餘，背後那滲入生活，支撐著各個層面的「軟實力」。

我在旅行途中寫過一篇臉書文章〈生活習慣是一種軟實力〉，提到在仙台旅行時，從來不缺洗手間，就連偏僻停車場都有免治馬桶，而且打理得乾乾淨淨。但我卻沒有見到清潔人員頻繁進出，而是即使前面排得長長一條人龍，輪到我時馬桶依舊像剛打掃過一樣，乾淨到可以一屁股坐上去。

因爲洗手間的乾淨，不是單靠清潔人員維護，而是整體的生活習慣共同支撐。對於我這種旅人來說，陰天看什麼都灰濛濛、雨天要一邊撐傘一邊避開水窪，誠然是有點掃興。但是水喝多了要上洗手間有乾淨的馬桶、餓了馬上找得到實惠可口的飯菜、店家大多也親切到能隔著語言感覺到溫暖，這種蘊含在人與人之間、天氣變化都無法撼動的東西，就是一種強大的「軟實力」。

也因爲這層「軟實力」，我和旅伴其實在仙台過得如魚得水，回台灣以後各自都染上了「旅行後憂鬱」——上網查還眞的有這個專有名詞“post-vacation blues”，又稱連假症候群、收假憂鬱，意指連假回來後回歸正常生活，會陷入一種難以適應的沮喪感。

瑞鳳殿

我和旅伴的共同症狀是，開始瘋狂查機票，尋找下一個旅行的目的。然而在狂刷機票網站的同時，我卻隱約覺得不太對勁：旅伴是上班族，回國隔天就立刻收假上班，平常壓力很大，工作內容也不是熱情所在，會有「旅行後憂鬱」很正常。

但是我卻剛好相反，回國後通常都會預留幾天緩衝，好吃好睡以修復旅途中的消耗，也不會排工作，理論上根本不會有「壓力」可言。再退一步說，我很喜歡自己的工作，就算要馬上上工，也只是會疲倦，卻絲毫不會勉強。

而很多人會陷入「旅行後憂鬱」，是因爲出國會住光鮮亮麗的旅館，回到雜亂老舊的家不適應。但這原因對我來說也不適用，因爲一年多前，家裡因緣巧合搬到品質不錯的地方，裝潢簡約舒適，所有東西都充足且稱手，且白天也只有我一個人使用，跟窄小的仙台商旅比起來，家裡的居住品質顯然更勝一籌。

爲什麼即使是這樣，我依舊會被捲入「旅行後憂鬱」呢？在過去沒有覺察的情況下，我可能會用「不知足」、「覺得外國的月亮比較圓」、「反正人就是喜新厭舊」來責怪自己。但這對於憂鬱感並沒有幫助，反而會壓抑正常的情緒。

於是我沉靜下來仔細感受，那股躁動與憂鬱的源頭是什麼，而以下幾個「旅行後憂鬱」的原因，也就慢慢地浮出水面：

「旅行後憂鬱」的原因一：暫時逃離壓力

很久以前我就觀察到，自己在國外時好像「抗壓性」特別強。過去在職場時，如果只是普通的請假在家，我還是會很掛心工作、也想馬上處理別人的需求，很難有放鬆的感覺。但是一到國外，我卻會切換成「老娘現在不在台灣，這些暫時跟我沒關係喔」的心理狀態，一天回一次訊息也覺得心安理得。

甚至連成爲自由工作者後，我還意識到自己出國時，內心比較不在意網友的評論。平常在台灣發文，我常常會一直刷留言回饋，看到支持的評論就開心、看到不友善的留言會覺得難過。但是出國的時候，文章發出去我就很少看留言，內心完全沒有「擔心回饋怎麼樣」、「會不會有人批評」的焦慮。就算偶爾有不友善的評論，在國外也會聳聳肩想「沒關係啊，他想說就讓他說吧」，很快就放下了。相對地，在台灣時卻會記掛好幾天，就算一邊要忙其他的事，心裡還是有個疙瘩在。

我曾經覺得很莫名，物理上的距離爲什麼這麼重要？明明我也可以人在台灣，但不要常常去滑留言、焦慮那些負評啊！爲什麼只要物理上沒離開，就沒辦法切換成在國外的瀟灑心態？後來確實有分析出一些原因，其中最重要的就是，在我的成長背景下，大部分的人對於「出國」這件事，都有個「好好玩，暫時先不要打擾你」的默契。

我不會追著出國的合作夥伴要資料、而工作邀約方聽到我人在國外時，也阻止我晚上回旅館開電腦，大方地說「等你回台灣再討論」。我才發現眞正解放我的，其實不是「物理距離」，而是「文化默契」——我可以理所當然地告訴自己「我在國外，沒辦法馬上回應是正常的」，而對方也有這樣的心理準備，而心安理得地放下壓力，等有空時再處理。

至於為什麼對不友善的評論，出國時也會比較放鬆？我的感受是，自己在台灣時，留言的人畢竟跟我同文同種、很有可能跟我生活在同一片土地、又出現在自己的網路社群裡，潛意識會有一種「這是在我生活圈裡的威脅」，因此會不安地想要防禦，哪怕對方眞實的生活圈可能跟我相差十萬八千里。

然而一旦「物理上」出國，「心理上」就會覺得這個威脅離我很遠，就只是一連串網路上的文字，很自然就可以放下。

甚至不只是不友善留言，以前在台灣看到某些光鮮亮麗、過得有滋有味的部落客發文，也會下意識地想要跳過。不是他們寫得不好，而是因爲激起了我的競爭感和成功焦慮。但在國外時，我卻可以很自然地欣賞他們的發文，後來發現那也是因爲「不在同一個生活圈」，不需要競爭同樣的資源和網路關注，所以大腦很自然地放下了戒備。

出國一趟就能輕鬆放下「工作壓力」和「社群壓力」，當然會讓人捨不得回來。但畢竟這只是靠環境的助力，並不是基於心理素質強大，也難怪回來後會陷入憂鬱。

「旅行後憂鬱」的原因二：看見自己更多的可能性

身爲自由工作者，已經算是很被鼓勵「創造無限可能性」的職業了。但是久了之後，一樣會陷入日復一日陳舊的模式。甚至因爲自由工作者收入起起伏伏，如果發現有什麼模式，能讓我們獲得較爲穩定地經濟和流量，反而會更不敢放手，生怕一旦沒認眞耕耘，之前的努力就會付諸流水。

如果自由工作者都這樣，上班族就更不用講了。很多上班族一年一年地待在原地，久了就成爲自己職業的形狀——只會做同樣的事，用同樣的習慣思考；不想接觸新東西，反正用不到；生活圈就只有同事，反正也無暇社交；不想學新的興趣，反正也不會加薪。

但是旅行，尤其是自助旅行，會把我們「野放」到全然陌生的地方。**需要結結巴巴地講新語言，發現竟然可以通；需要研究地圖買車票，發現竟然可以帶自己去很遠的天涯海角；需要仰賴陌生人的善意，才發現竟然很多人願意無條件幫助你。**

當旅人踏出國門，看見世界上新鮮的事情還很多，只要你有體力、有勇氣、也願意學習，好吃好玩的東西都等著你去探索，也有更多人生的可能性。一旦回到原本過膩了的生活，不需要你很有旺盛的精力、也不需要你的野心、更不需要學很多東西，只要機械性地用最小的阻力，完成交辦的任務就好，自然會非常沮喪。

即使是自由工作者，回到原本的生活，壓縮在台北的一角過一整天，也讓我很不適應。更不用說上班族了，從「原來我有無限的可能性」的雙眼發光，到「原來我只配過這種生活」的沮喪，那種違和感是很難平衡的。

「旅行後憂鬱」的原因三：陌生人的善意

上一篇文章提到，有天自己很想吃道地的居酒屋，奈何日文不好很難溝通。結果在當地遇到一間店，老闆的兒子恰好是英文老師，從頭到尾非常周到地幫我翻譯、確認我什麼不吃、怕我沒吃飽還一道又一道端上美味的料理加菜，即使中間非常忙碌，也會抽時間來和我聊天，最後親自送我到門口，互道感謝才離開。

我因爲個性比較怕生，平常在台灣對陌生人最多就是客氣禮貌，也會因爲不好意思，而不敢主動跟店家聊幾句。甚至上了幾年的瑜伽課，都覺得和老師沒有很熟，下課就匆匆拿著包包離去，一邊聽著熱情的同學主動和老師聊最近發生的事，心裡羨慕不已。

但是在旅行的時候，自己是人生地不熟的外國人，相對會變得很脆弱，也經常需要求助，沒有他人的善意，很多事情根本就辦不成。而當自己身分是外國人時，當地人也比較容易放下戒心，能夠更加純粹與友善地幫助你，不怕爲自己惹麻煩，那份共振出來的感動就會特別強大。

甚至因爲台灣在三一一大地震的時候幫上不少忙，很多東北人對台灣人又會特別親切，甚至聽到你是台灣來的，還主動跟你說謝謝。

但是轉眼回到台灣，我繼續過著獨來獨往，不給別人添麻煩的日子。路上陌生人也因為我看起來就是在地人，不會認為我需要幫助，而冷淡地擦身而過。甚至覺得主動靠近的人，可能是要推銷還是詐騙，而保持一點戒心。那份純然的善意，反而在自己的土地上難以感受，也難怪歸國的旅人會特別思念。

找出「旅行後憂鬱」的解方

那麼當我覺察出這些「旅行後憂鬱」的原因之後，又該怎麼辦呢？不得不說，光是能找到這些原因，本身就是一種解藥，因為它告訴我們「問題不是出在旅行，而是生活中缺少這些養分」。

旅行本身當然可以治癒人，但是現實就是，我們大部分的時間都是在「過生活」，而不是「旅行」。如果單純仰賴下一張機票治癒自己，那麼可以預期生命中大部分的時間，都會飢渴地等待下趟旅行的救贖，並且對當下充滿怨念與不快樂，而我不認為這是最好的解方。

而我面對「旅行後憂鬱」的方法是，當我知道自己的壓力，原來可以靠「物理距離」而改變，我就試著在「心理距離」上做到。回台灣遇到有工作壓力、甚至遇到不友善的評論時，我會問自己：「如果我現在人在國外，我會用什麼態度面對呢？」

神奇的是一旦這樣提醒，內心就放鬆很多。不會再急著處理別人的需求、應付陌生網友的留言，而是先放下焦慮，等適合的時間再好好處理。

而那份「因爲看見自己的無限可能，不想被壓回原本生活」的感受，也被我轉換成「認眞學英文、存錢和規劃旅行」的動能。尤其是離開職場後因爲用不到英文，流利程度退化很多，也一直提不起勁復習。但是一旦想擁抱世界，英文就變成通行證，反而願意主動研究一些ＡＰＰ來背單字、練聽力口說，因爲知道幾個月後馬上用得到，也會很積極地投入學習。

甚至連平常不喜歡運動的我，也開始刻意練習走很遠的路。比方說明明樓下就買得到咖啡，我會刻意跑去兩個捷運站之外買了再走回來。下雨也會像旅行時一樣，風雨無阻地撐傘出門，而不是看到有點雨就放棄。以前會覺得這種行爲很浪費時間，但因爲意識到自助旅行非常依賴體力和腳力，也無法控制天氣變化，因此訓練自己在任何天氣下都很耐走，也是一種很重要的能力。只要這樣想，買咖啡的路突然就不無聊了，走很遠的路去市場買了重物回來，也當作是旅行扛行李的練習，還會充滿幹勁。身體還因為好好運動而變得更加結實，根本一舉兩得。

至於感受「陌生人的純粹善意」呢？在台灣或許有點難，但我把它轉化為對朋友的真誠關心，不再只是按個讚就過場。對店員也有更多微笑和眼神接觸。這樣無論是熟人或陌生人，和我交流時，即使只有幾秒，也會覺得被善待，而我自己也會感覺更多溫暖——這是我目前能做的練習。

當一個人不在旅行時，也能活得像是旅行一樣，那麼他就不是把日子過得痛苦，只能等下一張機票救贖自己。他是把這份等待轉化成動能，下次踏上旅途的時候，他又會變成比上次更快樂又強壯的旅人。

仙台口袋名單

- 毛豆奶昔．三色最中（一種類似紅豆餅的甜點）．阿部蒲鉾店的魚板．瑞鳳殿
- 仙台城跡．伊達政宗騎馬像．大崎八幡宮．立石寺．麒麟啤酒工廠（預約制）
- 松島海岸．松島海岸的松華堂菓子店的布丁．壹貳參橫町．地底之森博物館
- 白石城．白石城的溫麵

19 泰國曼谷

旅行易怒症

一起去曼谷的旅伴是上班族，能請的假不多。於是我們約好分開旅行——我先出發玩幾天，之後雙方才在曼谷機場會合。

不曉得是運氣不好，還是航空公司出了問題。當天旅伴的班機延遲起飛，降落後又遲遲沒開艙門，整架飛機裡面黑壓壓的，我看著他回報最新情況的照片，都能感覺到同機旅客的躁動。

終於艙門打開，大批人馬衝下飛機，萬頭鑽動排隊過移民官。又約莫過了半個小時，旅伴才終於到了約定的地方碰頭。我遠遠看見他就一副怒氣沖沖的樣子，嚷著要客訴，抱怨便宜沒好貨，憤憤不平地說這延遲的兩小時，已經浪費掉他一個安排好的行程，發誓這輩子再也不搭這家航空公司。

旅伴平常是脾氣很好的人，這時候卻氣到怎麼也無法安撫。要出言安慰嗎？卻一直被情緒化的言語頂回來。那就放手不管，任由他生氣吧？他又彷彿一個滾燙的水壺，嗶嗶啵啵冒著熱氣，連一起換匯、一起買票、一起找路，都得跟這股沸騰的能量相伴，被燒灼得非常不舒服。

其實旅伴被班機浪費了兩小時，我同樣也等了他兩小時。但從頭到尾，我都沒有覺得時間被浪費，覺得都出來旅行了，本來就該練習接受各種無預期的混亂，反倒還維持著不錯的心情，甚至還能試著接住他。

但當一個隨身在旁的能量場時不時亂噴，即使他抱怨的每句話，後面都會加一句：「不是你的錯，我不是針對你。」也沒有用。移動的路上只要有一點不如意，遇上他都會星火燎原，無差別地發脾氣。最後我忍無可忍，板起臉把自己隔離開來，原本期待的愉快旅行，瞬間降至尷尬的冰點。

稍晚入住了旅館，旅伴在洗個澡冷靜之後，出來跟我道歉：「我剛剛覺察了一下，發現自己似乎有『旅行易怒症』。」

他說，這個詞是他剛剛靈光一閃發明的，用來指稱「旅行時特別容易發脾氣」的傾向。

「你之前就說過，我在旅行時往往特別暴躁。」旅伴解釋道，我一邊點了點頭，原本不滿的情緒慢慢轉爲好奇。因爲這確實是我以前就觀察到的現象，只是我一直不明白爲什麼。

「我發現這是因爲，自己平常很難請假，工作壓力又很大，於是認爲旅行就『應該』要讓我放鬆、『應該』要符合我的期待，畢竟那是我壓力的出口。」他繼續說道：「一旦不如我的期待，我就會覺得特別憤怒——這是我難得的假期耶！怎麼可以辜負我！於是就會非常憤怒，連平常可以忍的小事都忍不了。」

旅伴這樣解讀，我覺得非常合理，瞬間對他的最後一絲怨氣也消失了。同時也覺得相當有意思，因爲這樣聽起來，我和他正好相反。

平常雖然我是容易生氣的人，但自由工作者相對時間自由，想去哪就去哪，因此「旅行」並沒有被我賦予「滿足、紓壓」的期待，反而是「鍛鍊心性」的體驗。因此遇到不如意，並不會特別憤怒，甚至會因爲「我連遇到這種事都可以心平氣和」，而感到滿滿的成就感。

但像旅伴這樣的上班族，時間相當匱乏，壓力平常也無處發洩，「旅行」就像小孩咬牙存了很久的錢，好不容易才買下的一顆糖果，味道不如預期，瞬間就暴怒也是可以理解。

玉佛寺

然而和「旅行易怒症」一起上路的同伴，該怎麼辦呢？眞的是補上一句「我不是針對你」就沒事了嗎？我當下也沒有結論，但宇宙的流就是這麼神奇，隔天就爲我們不懂的課題補上一堂課。

我們報名了一個當地的旅遊行程，中午吃飯時卻遇上了一團亂的服務。當下我和旅伴其實沒有特別憤怒，畢竟如果當地人辦事效率就是這樣，那就無奈地入境隨俗吧。但剛好一位同團旅客坐在他旁邊，顯然對於眼前的情況完全不能接受，從頭到尾咬牙切齒地抱怨，不斷誇張嘆氣，手機拿起又砰一聲放到桌上發洩怒氣——而那位旅客對面坐著他的朋友，雖然這份怒氣從頭到尾「都沒有針對他」，但很顯然地他被嚇到不敢出聲，而這一切，我和旅伴都默默看在眼裡。

「你看，又一個跟我一樣『旅行易怒症』的患者。」旅伴在離開之後苦笑道。

「對啊，你看他朋友嚇死了，所以你覺得『我不是針對你』這句話有用嗎？」我問。

「抱歉，眞的完全沒有用。」旅伴搖頭嘆氣：「我一個陌生人在旁邊都坐立難安了，更何況是親近的朋友？」

用旁觀者的角度看自己，讓他從此多了一份警惕。旅伴說，下次他又要爲旅行不順而發怒的時候，就會想想那個對面被嚇壞的朋友，提醒自己收斂一點。

你也有「旅行易怒症」嗎？又或者你的旅伴也有這樣的症頭？年紀漸長，我越來越能體會「一起出遊」，對成年人來說是一大考驗。因爲每個人對旅行賦予的「期待」不一樣，「氣點」也就不一樣。如果仔細回想，我也有自己的「旅行易怒症」，只是相對少發作罷了，並不是完全沒有生氣過。

與其覺得對方莫名其妙、責怪他把旅行氣氛搞僵，彼此能夠多一份理解，是讓雙人旅行順遂的良藥。

我和旅伴透過覺察，意識到「旅行易怒症」的存在——不是想指責或消滅它，也不是理所當然地任由它掌控我們，而是一種中性的了悟。知道「現在的不舒適，很容易滋養出憤怒的情緒，但我盡可能不讓它影響我身邊的人，以及接下來的行程」。

之後如果有人爲了旅途中的意外而發脾氣時，我們都會提醒彼此：「旅行易怒症發作囉！」生氣的那一方，會先給自己一點時間，調適內心的情緒和期待，而不是任由脾氣亂噴，再丟一句：「我不是針對你」來抵銷內疚感。

而沒生氣的那一方，也會先詢問：你希望得到安慰嗎？還是給予空間讓你調適？但無論是哪個選擇，也因爲雙方都帶著覺察，情緒通常很快就會平復，之後的旅行也不會被打亂，能夠繼續開心吃飯、好好玩樂。

旅行，或許是雙人份的修行吧——沒有覺察的時候，一個人的痛苦會傳染成雙份。但帶著透澈的覺察，一個人的痛苦，則會被兩人一起承擔、療癒和釋放。

那是一個人旅行的時候，所做不到的深度。

曼谷及近郊口袋名單

・玉佛寺・臥佛寺・鄭王廟・大皇宮・大城（阿瑜陀耶）・美功鐵道市場・安帕瓦水上市場・大鞦韆・Savoey Rerminal 21 Asok（海鮮餐廳）・Lay Lao（曼谷米其林必比登餐廳）・TIPPRAPA Thai Massage（技術很好的在地小按摩店）・Tamni（很美的背包客棧）・Supa Restaurant（位於 Tamni 背包客棧附近・靠近華藍蒲火車站的老舊餐廳，超好吃，一天吃兩次的程度。大推冬蔭功湯和炒河粉，泰式奶茶、冰咖啡和早餐盤也不錯）

20 | 泰國清邁

知道自己要什麼，才能去尋找

我第一次在海外旅居，是二〇一八年在泰國清邁，爲期一個月。

旅居的起源其實相當平凡，平凡到如同茶水間的閒話家常。唯一的不同是——我眞的去做了。**或許人生很多事情皆如此，有些人能和別人不一樣，不是因爲他哪裡太特別，而是他「眞的去做了」而已**。

那是一次和友人的午後談話。熱愛旅行的她順口問起：「今年有打算出國嗎？」她問這句話的時候，我已經很久沒出國了。上班族時期是有錢沒時間、成了自由工作者更多是沒錢有時間。終於存了一點錢可以出去走走，而我一直很想去泰國，要不今年就去泰國吧。我答。

「那打算去泰國哪裡？」友人問。

「不知道耶，大家不是都先去曼谷嗎？」我聳了聳肩，刻板印象認爲曼谷是所謂的「入國第一站」，沒去過曼谷就想去其他地方，好像也很奇怪。

「我會建議你去清邁耶，我三年前去住過一個月。」朋友語出驚人：「我全部花費含機票、住宿，一共花不到三萬塊，那邊東西很便宜，古城的氣氛也很好，你應該會喜歡。」

這段話（加上花費低得驚人）在我心中埋下了種子，於是回家上網查了泰國最適合前往的月份，得知最宜人的涼季大約是十月至二月，於是跟出版社和家人敲定，新書上市後跑完宣傳，十月就放下一切，跑到這座有七百年歷史的古老城市、泰國的第二大城體驗旅居生活了。

一個人跑到清邁住一個月，很勇敢嗎？

其實真的還好，清邁早已是觀光大城，路上招牌和菜單，幾乎泰語英語和華語齊飛，路上磕頭碰面都是東西方面孔，我入境時剛好撞上大陸十一連假，晚上去個市集，街上講中文的和講英文的一樣多。我泰文不識半個，還是能靠英文和中文在那邊無痛走跳，包括找房子。

是的，找房子。在那邊住到一個月以上，網路建議找月租公寓或套房，這在清邁也是非常常見的住宿形式。我事前在網路上查資料，很多人說不必在台灣就先找，而是到當地，現場看過屋子、確認環境好再下訂。

「別擔心，先訂兩天民宿，然後到當地慢慢找，很容易的！」網路上許多去過的人胸有成竹地表示。

「我當時連民宿也沒訂耶，下飛機就先寄放行李，直接進城去找，大概四小時就找到了。」朋友甚至這樣說。

但我有預感，事情發生在我身上不會那麼容易。果不其然，我在其中體驗到挫敗，完全不是網路上講的那般簡單。雖然最後我只用五小時就達成任務，時間雖短，折騰卻是高單位濃縮版。這也讓我體會到，**要遇到「適合的房子」，其實跟尋找「真命天子」一樣，都非常需要靠智慧和思考的。**

「找房子」像「找真命天子」Part 1：別人的天時地利人和，你換個時空就無法複製

出發前，很怕流落街頭的我，有記下幾個網友推薦的優質月租套房、酒店式公寓做備案，雖然貴了一點，但還在我預算內、交通也堪稱方便，當時我心中打的如意算盤是：「如果最後真的找不到便宜又好的，至少有這幾間當退路。」

結果我錯了，錯得離譜。

不曉得是因爲近年清邁物價飛漲，還是十月已經進入旅遊旺季，這季節要找到連續一周的空房已經不容易，更別提整整一個月。接連問了好多地方，飯店、大樓、公寓，有些是清單上的，有些不是，通通都沒有房間，不然就是貴得驚人。

越問越挫敗的時候，只要它看起來是可以租的地方，我就會走進去問，有沒有可以租的物件。但對方要嘛乾脆地回答“NO”，要嘛就是只剩一個月兩三萬的豪華單位。有些貴得離譜但環境不佳；或是價格可以接受，卻破爛陰暗到我不敢一個人上樓。

那些傳說中月租一萬上下的物件在哪裡？我花了大把的時間踩著別人的路徑走，雖然它是別人口中的既成事實，但爲什麼卻是我可遇不可求的都市傳奇？

可是眞的仔細想想，卻也不奇怪。提供資訊的網友們，有些是淡季來訪、有些人住的是較偏遠的地區（但我有安排上課，不方便離精華區太遠）、有些人則是在陸客大量湧入前就來過。他們的經驗，是當下的天時地利人和，你可以說是他們幸運，卻也是當時的必然。我無法複製他們的幸運，只能在自己的時空，尋找這個當下的天時地利人和。

尋找眞命天子，不也是相同的道理？我們都想問別人怎麼遇到對的人，是聯誼？是上課？還是朋友介紹？認識人是要先表現積極，還是不要太積極？是要先敞開心胸當普通朋友，還是認眞以結婚爲前提？選愛我的人比較好，還是我愛的人更佳？要勇敢分手恢復單身，相信自己可以遇到更好的人，還是回頭跟「還可以」的舊愛定下來？

每個認爲自己「找到眞命天子」的人，都有一套屬於自己的說法。但是「複製」這些做法的人，卻不見得都能得到相同的結果，原因無他——**因爲那套的方法，是屬於他的天時地利人和，你可以百分之百的模仿行爲，卻不見得能複製同樣的好運。**

我花了至少三個小時的時間，被曬得皮膚紅燙，才終於放棄尋找別人的路徑，開始摸索自己的找房之路。

「找房子」像「找真命天子」Part 2：
你不知道自己要什麼，怎麼知道自己在找什麼？

論「找適合對象」，我這個寫過感情書籍的人，還算有經驗可以分享。但是在「找房子」這點，我卻是十足的外行——因爲從小到大都住家裡，當時也沒有在外租屋的經驗，更別提在國外找房子。

一個月，沒有長到非精挑細選不可，卻也沒有短到可以將就，尤其又是一個女生孤身在異鄉，要考慮的東西比一般人還多。我還記得看第一間房的時候，跟著工作人員走到一棟略顯荒涼的建築裡，徒步走了三層樓梯，才在走廊打開一間套房——設備還算齊全，一房一廳一衛浴，還有做隔間。

但我走進去晃一圈後，點點頭就離開了。當時只覺得「感覺不對」，但直到看了兩三間以後，突然覺得不能只用「感覺不對」帶過——感覺不對，具體來說是哪裡不對？是價格太高？採光不好？保全不佳？少了什麼必要的設備？還是磁場感受不妥？

「感覺」當然是選房很重要的因素，沒有好感覺前什麼都別談。但「感覺」也是會騙人的，尤其像我這種經驗不足的租客，如果不先想清楚自己要什麼，很容易就被燈光美、氣氛佳、租金又落在預算內的物件騙了。以爲「感覺很對」就可以，住進去以後才發現缺這少那，漏水隔音差，要買什麼買不到，吃個東西要走半小時，旁邊還是喧嘩到深夜的酒吧。

我後來提醒自己一邊看屋，一邊開始盤點自己對居住的基本要求，最後列了以下清單：要安靜（所以要往巷子裡找、或高樓層、隔音佳、要不靠電梯或樓梯的房間），要安全（以二十四小時保全、附近環境單純優先），要離之後上課的地方夠近，走路就可以到古城。

在列「要」的清單同時，我也看見自己原本一些可笑、不切實際的期待，例如：「想要廚房」。

會列這個條件是因爲，以前有朋友跟我說，他在國外租屋，一定要有小廚房，所以我一開始也沒多做他想，跟著找有小廚房的物件。但，老天，這裡是清邁，一餐可以三四十塊打發的清邁啊！又不是物價比天高，自己下廚最省的歐洲，而且我超喜歡吃泰國菜的，到底要廚房幹嘛？看清自己的可笑之後，我很乾脆地把這個需求從清單上劃掉，那也許對別人眞的很重要，但對我來說不是。

還有我發現，自己遇到飯店型公寓時，會順口問櫃台：「你們這裡有游泳池和健身房嗎？」如果對方回答沒有，我還會覺得失望。但仔細想想，我在台灣也沒游泳的習慣吧？而在清邁，我每天都會走上萬步起跳，眞的有需要一個健身房嗎？

清邁旅居一個月的飯店房間

人在沒想清楚什麼是「自己眞的需要」之前，很容易活在腦中的幻想裡。

說來有趣，人在認識潛在對象的時候，不也常犯同樣的錯誤？好比說，有些條件你以爲很重要，沒具備這個條件就刷掉。但仔細想想，「對方有車有房」這個條件可能很棒，但對於也有經濟能力的你，這眞的這麼關鍵嗎？又或者聽到對方工作名稱不響亮，就連認識的興趣都沒有。但頭銜可能就跟飯店游泳池一樣，中看不重用，還不如一個頭銜普通，但是有實力、對工作有熱情、也願意花時間陪你的人，還更值得你深交。

那你說，折騰這麼久，我的找房之旅後來怎麼了？我想說：當你越來越清楚自己「眞正要什麼」，頻率就會越來越穩定，機會也就會神奇地出現了。當時我已經死馬當活馬醫，隨便在地圖上搜尋"Apartment"，打算前往最近的一間去詢問時，忽然在岔路看到不遠處的巷子裡，有間設備新穎、裝潢溫馨的小飯店。

抱著問問無妨的心態進去打聽，發現它竟然還有空房，價格雖然略超出預算，但堪稱合理。加上地段方便、有二十四小時保全、四周都是住宅，所以非常安靜。設備新、格局也都是我喜歡的，幾乎完美符合我的要求——沒有游泳池、沒有健身房、沒有廚房，但沒關係，我已經不在乎了，有個小陽台給我曬衣服更重要，居然還附帶免費腳踏車。

我幾乎是當下就把所有條件談妥，之後去附近看了幾間，確定沒有更好的，就立刻打電話去下訂，隔天就拖著行李，開開心心地入住這個即將收留我一個月的小窩。

有句話是這樣說的：當你的頻率會越穩定，才能夠吸引真正適合你的事物。

後來即使已經入住了，我還是會在散步時，留心有沒有其他好物件。結果確實再也沒找到比這間更適合我的了——當然願意撒錢的話，鐵定會有更高級的選擇，但那並不是我要的。住在那邊的日子，我每天都能在柔軟舒適的床上自然醒，用熱水壺泡杯熱茶，吃前一天晚上買的早餐、房間天天有人打掃。想進古城晃晃，散步十幾分鐘就到繁華的塔佩門。如果不想走太遠，附近多的是巷弄美食。乾淨整潔的咖啡廳點杯綠奶茶（六十泰銖），就能讓我寫稿一個下午。

會巧遇這間房子，我相信並不是純粹的運氣，而是建立在努力自我探索後，真正知道「自己要什麼」後被吸引來的地方。**是屬於我的頻率、我的天時地利人和。而不是靠踩著前人的步伐，複製而來「別人建議」**的幸福。

21｜泰國清邁

學東西經常半途而廢？來試試「懂自己」學習法

如同前篇文章提到，我在清邁旅居，是二〇一八年的十月。

「咦，住一個月那麼久要幹嘛？」每次別人都這樣問我。

「沒有幹嘛啊，我是來生活的。」我一貫這麼回答。

其實這句話只說對了一半。我是來生活的沒錯，但無所事事的日子過久了會膩，也不想走太觀光客的行程，恰巧爬文時看到部落客《基隆游太太》的網誌，分享在清邁報名了小班制的按摩學校，學習泰式古法按摩。我深深被她文中那句按摩後的體悟「你連自己都沒照顧好，又能完成什麼偉大的事情？」打動，馬上查妥了資料，出發前就上網完成了報名。

有人問我，學按摩？那你至少是對幫別人按摩有興趣吧？

不，其實正好相反。我在報名按摩學校前，是個「只想被別人按，自己完全不想按人」的傢伙，深深覺得「學按摩」是在自找麻煩，只會被貪圖享受的人使喚「來來來，我肩膀這裡很痠，你幫我按按」（對，我就是在說我）。再來，聽到別人特地去學按摩，我跟大部分的人一樣都會問：「你以後要以按摩爲業嗎？」「沒有？那你學這個要幹嘛？」

但事實上，很多人學按摩眞的「沒有要幹嘛」，只是想透過這個媒介，找出一套和身體相處的方法。在決定要學按摩時也發現，我對自己身體結構一片茫然，常常這邊緊那邊痛，亂轉亂壓亂伸展，有時候確實暫時紓解，有時候卻適得其反。「學泰式按摩」對我而言，不是習得一技之長，而是翻開大航海時代的第一頁，引導我踏入那共處了三十年，卻依舊陌生的人體海洋。

在「學按摩」的體驗上，我不打算多著墨在「按摩」本身，而是想分享「學」這件事——你可能一輩子都不會學按摩，但只要活著，就一定會「學」點什麼，不管是透過書本、補習、線上課程、或是有人親自傳授。

尤其在這知識爆炸的時代，小孩子要上學、年輕人要升遷、中年人要進修、連老人都要學會上網。只要我們活著，一定都脫離不了「學」這件既酸又甜的苦差事。

由於當時上課是小班制，那一梯的同學連我只有三個人，上課的第一天，我就驚覺自己又掉入了學習地獄。我並不是一個很擅長記憶的人，學生時期最痛苦的就是背公式、記單字、背課文，最沒辦法接受的就是有人告訴我「沒有爲什麼，先背起來就對了」。

沒配備道理的知識，就跟水煮青菜沒加油鹽一樣，硬逼我吞下去只會反胃。整個學生時期，我跟知識的關係都是吃了又吐、吐了又吃，考試成績好不好，跟智力和理解力沒有太大的關係，而是取決於我這次胃裡還有多少殘餘。

這個狀態一直維持到我進職場之後，才發現自己並不完全是根朽木。我當時進了一個專業門檻非常高的公司，它們通常不太錄取非本科系、或是完全沒有相關背景的員工——而我當時是個少數的例外。剛進公司的時候，每天職前訓練我都在打瞌睡，那些專有名詞、技術和單字，在我腦中都像蒼蠅一樣，徒然嗡嗡嗡地轉了一圈又飛走，什麼痕跡都沒留下。

但後來某一天，公司安排我去參觀廠商，很多人都覺得「工廠有什麼好看的」而興致缺缺，但我一到現場整個就醒了過來，興奮地四處看機台、問技術、問專有名詞、不斷地想出以前沒想過的問題，一一拿書本和工作遇到的問題交叉比對。從那之後，這些我摸過、看過、聞過也問過的東西，就牢牢地記在腦子裡，而且再也沒有忘記過。

那一刻，我忽然理解自己其實不是「蠢」，而是我的學習屬於很強烈的「實戰派」。紙上談兵完全無法觸動我的感受，因此過目即忘。但是只要讓我操作過一次，讓我知道「爲什麼可以」、「爲什麼不行」，那些知識就會直接被我吸納進血肉，變成我腦內圖書館的一部分，而不是擺在一旁冷冰冰的參考書。

說回按摩課。頭兩天上課的時候，我遭遇到的是相似的挫敗。泰式古法按摩是一種結合肌肉、骨骼與能量線（類似中醫講的經絡）的技法，按摩的先後順序、能量線與穴位點的相對位置，也一個比一個還瑣碎。

雖然上課老師會實際示範，也會讓你跟同學互相練習，但是當我按的時候，還是被老師糾正一百零一次「能量線位置偏掉了」、「現在要用手掌不是手指」，不然就是一直漏掉動作「你剛剛忘記幫對方伸展了」、「這個點要重壓二十秒，不，不是那裡，是這裡，還要感覺到血液脈動」。

同學們記性好，在輪到我練習時，還會偷偷提醒我下個動作是什麼，我卻一直滿頭大汗的翻課本，有時還搞不清楚自己做到第幾步。老師有幾次看不下去，還重新示範一次給我看，讓我頓時有種「天啊，我是不是根本沒天分，還在這裡拖累同學進度」的羞愧感。

那天我回家之後，我發現自暴自棄的我，心裡很想把責任丟給「算了，我就是沒按摩天分」就結案。可是我仔細想想又不太對，如果是其他領域就算了，但上泰式按摩這種「解構身心」的知識，原本就是我有興趣的領域，想放棄是眞的「沒天分」或「沒興趣」嗎？還是只是「沒有成就感」？

人的內心是很微妙的，有時候我們輕易就放棄，不完全是因爲「不適合」、「沒天分」，只是因爲不夠「懂自己」。而長年覺察內在的我，正是因爲夠懂自己，當晚立刻量身訂做了一套「懂自己學習法」。

「懂自己學習法」之一：放棄之前，問問自己「如果我今天被稱讚了」呢？

當我意識到自己「挫折想放棄」，可能跟「沒有正回饋」有關時，我就反問自己：「假如我今天是被老師稱讚呢？我還會覺得自己不適合嗎？」

我馬上發現答案是否定的。因爲第一天上課時，老師說我的拇指可以後彎，是很適合按摩的手，當下就覺得心花怒放，覺得自己贏在起跑點。我又想著，如果今天換成同學記性比我還差，要我要偷偷告訴他下個動作是什麼，我也會非常有成就感，認爲自己眞是天有天分，搞不好回家還會打開課本勤勞地複習。

「成就感」對我的學習意願影響太大了，大到我甚至會因爲沒有被稱讚，就把原本有興趣的知識，直接掃到「我沒興趣、沒天分、不想學」的垃圾堆，這樣就不必面對受損的自尊。但是這樣做，等於把自己的人生選擇，全權交付給外在環境決定——**但我到底是眞的試過以後「確定沒興趣」，還是沒成就感讓我「以爲沒興趣」**？

在放棄之前，我們可以試著假定，今天被老師稱讚表現好、被同學請教問題、幫外行人完美解決麻煩。當「成就感」條件滿足時，你還是覺得沒興趣嗎？如果還是覺得沒興趣，那這個技能可能眞的不適合你。但如果你發現，當成就感滿足時，自己就會開始躍躍欲試，那不妨參考下一個步驟，改善你的學習意願。

「懂自己學習法」之二：別照單全收，量身訂做你喜歡的學習方式

傳統的教學方法必須滿足大部分的人，細節必然會被犧牲——但是這並不代表

你要照單全收，你可以選擇自己爲知識「調味」。

我在上課的時候，發現技法步驟之所以對我來說極度困難，是因爲我不理解「爲什麼」。沒有脈絡貫穿，就像少了繩線串起的珠子，我沒辦法靠強記硬背，就說服自己「下個步驟就是這樣，沒有爲什麼」。

沒有爲什麼，課本也沒有寫，也不可能每個動作都追根究柢，沒關係，那我就自己編。這個動作做完要先記得伸展，是因爲剛剛的指壓方法比較刺激，肌肉可能會糾結，所以要伸展舒緩。那個動作完成後，要先把腳放下做另外一側，是因爲腳舉太久對方會痲。

此外，我也觀察到自己因爲記性不好，需要會常常瞄課本提示，但課本是英文的，字又比較小，圖片也比較糊，反覆比對會耗掉太多時間，因此我後來發明一招：老師邊講的時候，我邊用自己能懂的方式，在旁邊寫成簡單的大字中文。人腦閱讀母語的速度會比外語快很多，接著我也在示範圖上，用箭頭畫重點施力方向，增加辨識速度。

剛剛的「編理由記憶法」已經大量減少我的大腦負擔，加上簡易明瞭的中文提示，讓我隔天上課時突飛猛進。即使還單腳踩在同學大腿上，也能馬上往課本瞄一眼，就順暢接到下一個動作。

這樣的方法，完全彌補了我的「記憶腦殘」弱點，也符合了我的「實戰派學習」特質，實地操練忽然變得非常順利——因爲有了自己能懂的理由貫穿，操作按摩就像撥一串念珠，每撥一顆，下一顆就自然接上來，根本不太需要想，跟之前左支右絀的慘樣天差地別，而老師也頻頻稱讚：很好，很好，Good！

那一刻我忽然能夠理解，爲什麼 "Know Yourself" 這句至理名言，會被鐫刻在希臘的阿波羅神殿大門上——「懂自己」眞的太重要了！在任何事情上都是。

當你不懂自己，你就只能墨守成規；當你懂自己，你就能拿到通往目的的鑰匙。

後來這個「懂自己學習法」，也被我活化運用在學外語上。在清邁短居的時候，因爲不識泰語，跟各國的人交到就只能用英語，但我已經很久沒用英語，覺得自己退化太多，想要再好好加強一下。

以往想到「加強語言」，我第一時間就只知道傳統的背單字、買課程等等。但現在我了解自己是「實戰派」，背誦式學習大概只能撐三天就放棄了，我既不拚考試，也沒有職場需求，因此直接放棄這些學習方法。

我改成平常上網查資料時，多瀏覽一些英文版的文章，讓實際的需求逼我逐句看完文字。看 Netflix 的時候，直接切英文字幕，逼自己用情境去聽、去理解——其實小嬰兒不也是這樣嗎？他們在識字以前不可能查字典，但聽久了、看久了、跟情境結合自然就會了。

我在泰國，也遇到很多當地人通一點中文，基本溝通沒問題，好奇問他們從哪裡學的，他們也聳聳肩說「沒有學啊！因爲遇到很多中國觀光客，久了就會了。」

當我越「懂自己」之後，我開始回想自己以前放棄過的東西，心裡覺得有點慚愧。我學過很多，也放棄很多，語言、音樂、運動、舞蹈等等都是。有些是眞的深入思考過後，確定自己眞的沒天分又興致缺缺，不應該再浪費大把時間和金錢在上面。

但也有很多東西，我太快敗在「沒成就感」，以及「不適合的學習法」上，但其實它的本質我是喜歡的，只是被成就感左右、也不知道怎麼打造新的學習方法，又不願意勉強自己「吃苦當吃補」卯起來硬學，因此中途放棄了很多東西。

幸好只是興趣，隨時都可以拾起，還可以用自己喜歡的方式加料，而不是勉強自己像吃沒加鹽的水煮青菜一樣——明明很難吃，卻哄騙自己很健康、一定要吃。

而這次泰式古法按摩課程，就在完成了三十個小時的受訓，每天腦漿和精力榨得乾乾淨淨，回飯店直接昏迷的程度後，終於從泰籍老師手裡拿到結業證書。

說不想哭是騙人的，除了像是拿到一張身體探索地圖，也朝心靈的殿堂更前進了一步。我想送給自己，也送給讀這篇文章的你一句話：

「懂自己」是永遠不嫌晚的一條路，也是最讓人願意投入一輩子的旅程。

清邁口袋名單

・柴迪隆寺・清曼寺・瓦洛洛市場・Wat Pan Whaen Thai Massage（Tok Sen 木槌按摩非常棒）

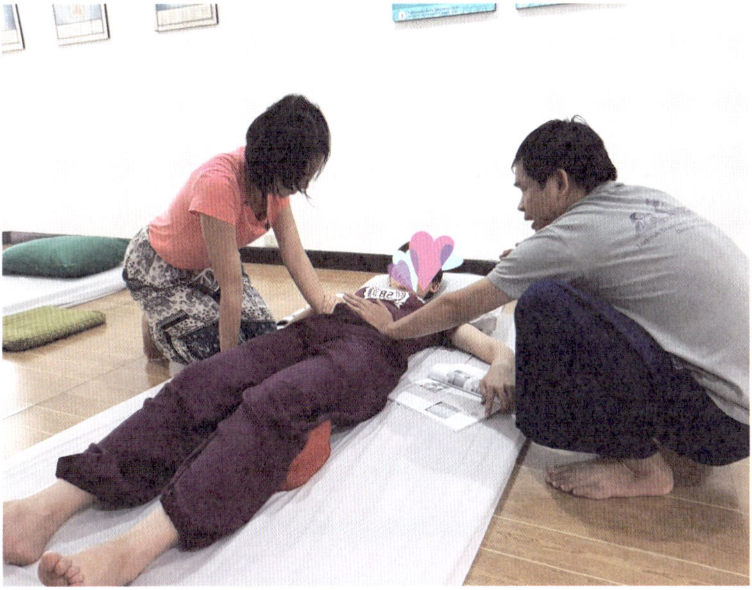

清邁按摩學校 Loi Kroh Masshge

22 尼泊爾

在衆神的國度，與生死的陰影和解

會來到尼泊爾上課，一開始內心是半推半就的。對於靈性追尋者來說，尼泊爾或許是此生必去的聖地之一。但那時候的我，剛從一個物質條件匱乏的國家回來，喝到不乾淨的水而狂拉肚子兩三周，虛脫了一個多月才會復原。心有餘悸之下，即使看到非常心儀的閉關課在尼泊爾開班，報名表點了又關、關了又點，還是下定不了決心。

最後總算是報名了。離奇的是明明拖了一陣子才填單，其他手刀搶名額的人不知爲什麼沒上，我卻收到錄取通知。想想或許是天意，於是安排了機票住宿，在春暖花開的時節，前往尼泊爾的加德滿都。

自由工作者的時間彈性，我安排自己在閉關前兩天就先到，想來個短暫的市區觀光。在手機上查到一間著名的印度教露天火葬場「帕舒帕蒂納特廟（Pashupatinath Temple）」就在旅館附近，中文圈又稱

「燒屍廟」，也是重要的世界文化遺產。因爲接觸印度瑜伽一陣子，對於印度教徒會在河岸邊火化，並將骨灰撒在河裡的習俗不陌生，於是有點好奇地把它標註在清單上，打算要在入關以前走訪一遭。

但好奇歸好奇，骨子裡畢竟還是華人，一早在排景點順序時，想到「旅行第一站就是火葬場」多多少少還是浮起了一點忌諱，想說還是先找個神廟祈求祝福，第二站才去看火葬吧。原本我如此打算著，走在路上開著導航，卻找不到原先想去的廟。兜兜轉轉繞一大圈，抬頭恰好看到一個巨大的拱門，後面好像有個熱鬧的市集。當下心想算了，找不到路就先逛逛也無妨，於是暫時擱下原本的目的地，順著潮水般的在地人穿越拱門，一路東張西望地前進。

加德滿都到處都是廟，觸眼盡是莊嚴巍峨的屋頂、精緻的雕梁畫棟。我被這樣的幾棟建築吸引到河邊，看到岸上整排的棚子，草堆在棚下燃燒，尼泊爾人四處來來去去閒聊，疑惑這是什麼印度教儀式嗎？拍了幾張照片，就繼續順著人潮往前走。

「買票！買票！」就在還沒搞清楚狀況時，入口就有當地人用中文對我大喊，並且指了指售票亭。糊里糊塗地走過去，看了地圖才發現，竟然已經不知不覺走到了燒屍廟。好吧，冥冥之中還是來這裡了，既來之則安之，我掏了錢買票，一個當地人順勢領著我去入口，一邊很自然地跟我用英文聊起這張票可以去哪裡，這棟建築和那棟建築是什麼，彷彿純粹熱心的在地導遊。

當然，沒這麼好的事。

我在他講了幾分鐘，甚至開始帶我走起導覽路線時，突然想起他該不會是網路上說的那種導遊——先讓人以為是單純好心的在地人，結束之後再跟你要小費。要多少？「看你心意。」遊客會覺得一開始沒講清楚，以為是好心，事後卻被要錢感覺很像受騙；而如果給的費用不高，導遊也會覺得沒誠意而生氣，最後不歡而散。

「導覽可以，但費用要一開始講清楚。」多篇網路文章都這樣提醒。

眼看這位導遊已經開始帶我爬上爬下，甚至還發現我是台灣人之後，切換成頗為流利的中文跟我交談。不過說老實話，他講述的內容確實豐富，我不但可以不用走馬看花，還能問一些在地人才能回答的問題，於是已經打定主意讓他繼續導覽，收費就收費吧。

帕舒帕蒂納特廟 Pashupatinath Temple，火化後都會直接倒進河裡，所以河水很濁。

但幾番直接詢問價格，對方卻顧左右而言他，我最後只好硬生生先阻止他繼續講下去，跟他說：「謝謝你，但我希望先談個彼此都能開心的價格。」接著出了一個不算高價、但我心中認爲合理、對於當地物價來說也算不錯的費用，他想了想，點頭答應了。

我事後非常慶幸自己遇到了這個導遊，身爲好奇的旅人，心中總有十萬個「爲什麼」想問，而這位學過中文的尼泊爾人，還能用我熟悉的語言回答，讓我理解無礙——而我也是這時才知道，剛剛在入口附近看到的焚燒草堆，竟然每一堆裡面，都有一具火葬中的遺體。

「什麼！可是看起來不像啊！」我大驚失色，那草堆看起來不像有人的形狀啊，旁邊的家屬怎麼沒有呼天搶地？空氣中爲什麼沒有屍臭味？其實我根本不知道火葬現場應該長怎樣，畢竟在台灣就算是自己家人過世，都沒辦法親眼見到火化過程。

當下華人骨子裡的忌諱被瞬間觸發——我剛剛竟然離屍體這麼近嗎！我在旁邊吸了這麼多火化的煙！而且還拍了照！我的天啊，我的天啊，這樣眞的可以嗎！

「你看對面，那是過世沒多久的遺體，他們在河邊幫他洗身體，等一下就要抬去火化囉！拍照？可以啊，都可以拍的，你只要不是跑到旁邊貼著拍就好。」尼泊爾導遊神色自若地說道。

我順著他手指的方向，一具用布蓋著的身體被抬過來。我能清晰地看見別人家的阿嬤，就這樣安安靜靜地躺在河邊。家屬子女環繞在一旁，親手用河水幫忙洗浴、朝遺體口中餵牛奶。此時我心裡明明應該要害怕的，畢竟我連家人過世時，要陪伴遺體都有點恐慌，更別說在告別式和火葬場，更難以承受那種壓抑和哀戚。

但在這條河旁邊的我，心中卻感覺不到一點恐懼，彷彿出生和離世都是一樣的，靜靜地睡著。家屬在身旁圍繞，陽光明亮地灑落下來，照亮著儀式的進行，彷彿在說：死亡並不是什麼見不得光的事。

大部分的家屬也平靜而自然，彷彿只是送親人遠行；當然也有人哭泣，但那哀哀的哭聲卻不揪心，只會覺得那是一種釋放與送別，極爲自然的情感流動。淨完身，重新包裹著白布的的遺體，被送到草堆上點火，以爲會臭，空氣中卻只聞得到燒稻草的氣味。

能這樣離開人世間，好像也不錯。我蹲在河的這邊看得目不轉睛，深深爲這份揭露與直視動容。

我所屬的文化圈，「死亡」是多麼讓人避之惟恐不及的事。小時候講「死」就會被罵、不能談論死亡、避諱喪葬場合、經過墓地和殯儀館不要亂看、連在醫院加護病房，每當有過世的病人要被推出去，院方都會先出來大喊：「有病人要回家囉！」瞬間所有在外面等候的家屬，會像約好一樣立刻轉身背對，避免直視經過的軀體。

有人說是尊重、有人說是避免沖到，或許都是吧。但曾經當過那個轉身的人，也曾經當過所有人都轉身背對的家屬，心中一直不明白的是：「爲什麼一個人只是斷了氣，就要從大家都想親近的好人，變成大家都害怕的人？」

更恨自己的是，我也是那個會害怕的人。

而在這裡，**我深深感覺到死亡是如此平常，平常到可以直視、可以照亮、可以觸摸、可以寧靜、也可以哀哭**。我體質是偏敏感的人，在這裡卻完全沒有恐懼和不舒服，而是滿滿的動容和釋然，似乎在心裡和死亡的糾葛和解了。

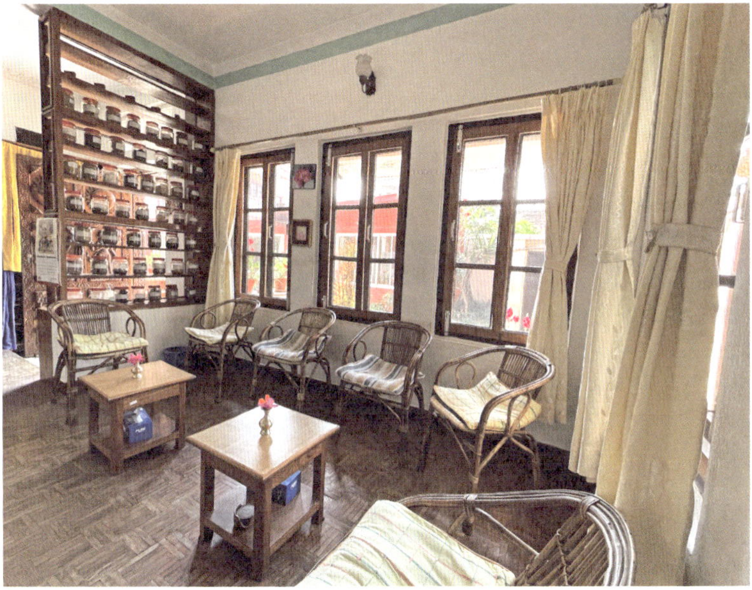

加德滿都的阿育吠陀診所

甚至在我離開廟前，某個狹窄的路口停著車輛，一具包裹著白布、完全看得出人形的遺體就這樣被推著擠過人群，從我旁邊擦身而去。要是以前絕對會嚇死，但此時的我，卻和在地人一樣泰然自若，內心無驚無恐地側身讓個路，就好像有人推著手推車過去一樣自在。內心最多浮起一股：「啊，有人要去走下一趟旅程了」的默默送別，甚至覺得和迎接新生兒沒什麼不同，只不過前者是去其他世界，後者是來到人間而已。

我終於原諒自己了。我接受自己曾經會害怕、不敢直視死亡、跟著大家一起迴避，但內心卻深深覺得內疚和抱歉。但現在，我可以靜靜地看著印度教儀式清洗與火葬，赤裸地在眼前發生，內心卻覺得蘊含飽滿的情感與生命力，甚至在其中感受到愛。

尼泊爾，又被稱作是「衆神的國度」。我慶幸自己一開始半推半就，最後還是順著命運安排，踏上這塊靈氣逼人的土地。因爲在這衆神之地，我看見了赤裸的生與死，也遇見和陰影和解的自己。

＊　＊　＊

後記：在尼泊爾的觀光景點，很多導遊都會講不錯的中文。如果遇到有人來搭話問要不要導遊，不妨直接問：「有沒有會講中文的導遊。」他們如果認識會幫你介紹，費用也都可以談。對於英文不是母語等級的人來說，用中文導覽讓旅行體驗加成很多，有些零碎的文化小問題，能用中文做比較深度的詢問，都是旅行中很寶貴的資訊。

加德滿都口袋名單

·帕舒帕蒂納特廟（Pashupatinath Temple，又稱燒屍廟）·加德滿都王宮廣場（Kathmandu Durbar Square）·活女神廟（尼泊爾獨特的文化信仰，有機會見到活女神庫瑪麗 Kumari）·布達納特寺（Buddha Stupa，又稱滿願塔）·安娜普娜女神廟（Annapurna Temple）·Linga Bhairavi Devi Temple（印度瑜伽導師薩古魯聖化過的女神廟）·Shivapuri Baba Samadhi Aashram（瑜伽大師 Shivapuri Baba 三摩地之處，極為適合冥想，位於山坡上的森林內，不太好找，請上網搜尋資訊）

23 | 緬甸

緬甸孤兒教我的事：擁抱脆弱，從抗拒中開出溫柔的花

二〇一九年疫情爆發前，我隻身飛到緬甸，參加馬哈希系統的內觀課程。十天後離開中心，繼續留在緬甸旅行。

這個國家在我去的那年，即使還沒政變，人均GDP也僅有約一四一五美元（約四萬三千七百台幣，平均一個月僅有約三六〇〇台幣）。很多地區的人民生活還是相當貧困，也因此我體驗到的物質條件，是此生遇過最辛苦的，而每天我也都在問自己：「到底爲什麼要來這種地方？」

在朋友的熱心牽線下，我離開位於仰光的馬哈希內觀中心，抵達一個觀光客絕對不會來的所在：遙遠的桑麻通（SaMaTaung）山上一間佛教孤兒院。我在這裡借住客房，參觀孤兒院，也順便僻靜幾天。

會說英文的緬甸友人告訴我：「住持師父說，要讓你住比較好的房間，怕當地人住的環境你不習慣。」

我感激稱謝，然而當我們提著行李，走進住宿的三層樓建築，我依舊在心中嚇到彈飛出去。

我事前知道這個孤兒院，已經收留超過一千名孤兒，但是當看到很多還不會走的幼兒，在地上又哭又爬；而那些會走的，在走廊上光著屁股亂跑。好幾個嬰兒躺在大廳地板的毯子上睡覺，上面罩著的蚊帳，很像古早時拿來蓋餐桌剩菜的紗網，那股驚嚇又是完全另一回事。

這麼多還不會自行上廁所的小孩，光著屁股到處爬，有時會排泄在地上，空氣裡自然有一股化不開的濃濃尿騷味。當然，進入這棟建築要脫鞋，因此一路腳底還會反饋濕濕黏黏的觸感，我很努力克制，才不去想那可能是什麼。

一路上我拚命屏住呼吸，還是要趁別人不注意時，掏出精油偷偷聞幾口，才不至於當場吐出來。進到二樓房間以後，味道終於比較不重了，取而代之的是還算不錯的布置，至少有軟床有桌子，甚至還有冷氣，我心裡終於鬆一口氣。

在來的路上看到，孤兒院附近非常原始。田裡有牛在睡覺，屋子很多還是地理課本上那種架高的草棚屋。所以沒有 wifi 是一定的，也沒有熱水，洗澡、上廁所要去公廁。而且廁所裡超級多飛蟲，裡面沒有垃圾桶、也沒有衛生紙，這都是理所當然。

晚上我去禪堂跟當地人一起靜坐，回房間的路上，身爲外國人的我簡直變成巨星。所到之處都會有小孩張大嘴巴盯著看，甚至還有幾個小孩追著我後面跑，嘻嘻哈哈喊著怪腔怪調的中文。

直到睡前回房，我再度穿越尿騷味濃厚的大廳，上樓，關起房門把一切鎖在門外後，一向在都市裡嬌生慣養的我終於崩潰問自己：「我到底爲什麼來這種地方啊啊啊！」

雖然當下時間還很早，但一出去就像野生動物一樣被圍觀，或是被滿滿的尿騷味嗆到反胃。於是我幾乎是對自己生悶氣地關在房裡，躺在床上胡亂滑個手機，早早就戴上眼罩耳塞睡了。臨睡前，外面都還是小孩的喧嘩和哭聲。

我最怕吵和小孩了，我到底爲什麼在這裡？

隔天早上醒來，時間還很早。但我因爲需要用外面的廁所，不得不推開房門，迎來一陣又一陣的嬰兒哭聲，還有尿騷味。但是那一刻看到的景象，卻讓我瞬間醒了過來。

我一個三十幾歲的大人，整晚獨享整個臥房，有軟床有冷氣有手機，心裡還在「靠北」半天。緬甸那些只會爬的孤兒，卻只能墊著簡單的草席和毯子，還不是睡床，而是蜷縮在硬梆梆的大廳地板上過夜，整整一大排。

我心中愧疚不已，對自己生在台灣、平常能吃好穿暖，只是來這裡吃點苦就心生抱怨，感到羞愧難當。

努力避開屍橫遍野的蟲子，在公廁梳洗一遍，下樓去餐廳說我可以吃早餐了。餐廳還在準備，我一個人沒事，走著走著，就再次路過氣味難聞的大廳。工作人員都在忙，此時我見到一名幾個月大的小男孩，在地上哭著亂爬，到處想找人抱他，但沒人有空搭理。於是他一路哭著爬到大門口，在門檻幾乎要摔出去。

我看著很心酸，又擔心他會受傷，趕緊跑過去看著他，又順手把他撈起來抱在懷裡哄。他很輕，幾乎比一隻貓還輕，我抱著他去照鏡子逗他玩，他看著我，有一陣子不哭了，但接著又開始哭，一副想要下來的樣子，我只好又把他放回地上。有個工作人員見狀，馬上笑著來把小男孩接過去。

小孩真的好難哄啊……我一個人都搞不定，這裡甚至有一千個小孩，他們到底該怎麼辦？

我一邊想著那個瘦弱的孩子，心裡非常震撼又難過。這麼小就沒有爸媽，連個能好好抱他的人都沒有。小小的眼睛哭腫而滿是淚水，他知道自己的未來會怎麼樣嗎？

我無能爲力，也沒有答案，只能繼續散步上樓，找到一個無人的露臺，開始練習剛學的內觀行禪，安頓內心的震盪。遠遠的往下看，又是更多的小孩，在不同的地方追逐嬉鬧，玩耍交談。

不知道爲什麼，放下那個小男孩之後，心中有一塊開始動搖了。當餐廳跟我說可以吃飯的時候，我下樓再穿越那個充滿尿騷味的大廳，那時我才意識到，我竟然開始不怕那個味道了。

原本不知道氣味背後的故事，很自然地會產生厭惡排斥。但是當你親自抱起一個輕輕的、軟軟的，帶著眼淚的脆弱生命，那個味道，反而會勾起心中很多諒解和柔軟。

小孩還是在哭，味道還是難聞，地板踩過去還是濕濕黏黏，我也還是那個怕髒怕吵怕臭，有點潔癖的都市人。

馬哈希內觀中心

但唯一不同的是，因爲願意花一點點力氣去理解，去親手抱起一個無助哭泣的小生命，我內心有一塊防衛，被不知不覺地瓦解了。從那一刻起，我不再是滿腦子想著自己的都市人，而是在赤裸裸的生命苦難前，只恨自己不能掏出更多溫柔的普通人。

也許生在台灣的我們，不會眞正明白緬甸孤兒的災厄與貧窮。但只要我們還有一絲的慈悲，願意去看見這個世界的脆弱多一點，就能粉碎原本以爲牢不可破的抗拒。

當晚入睡前，外頭小孩還是成群地哭鬧，難聞的味道照例鑽門撲鼻。但此刻我已經完全不煩躁了，取而代之的是滿滿的感激和愛憐——感激自己有舒適的地方睡、同時愛憐那些孩子，在心裡祝福他們今晚依舊平安。

旅行一定要去舒服的地方嗎？我是個凡人，當然也喜歡吃美食、拍美照、住豪華飯店好好享受。但有時候放下抗拒，往辛苦的地方多走幾步，卻會得到一生都難以學會的事。

我在這間孤兒院只有停留三天，但這個緬甸小男孩，卻用他的生命，帶給我一輩子的重量。

24 | 緬甸

當你沒有要去任何地方，就會安住腳下

二〇一九年疫情爆發前，我透過朋友介紹來到緬甸，參加馬哈希系統的內觀課程。當十天內觀結束，我留在緬甸境內繼續旅行，其中一站，就是有「萬塔之國」之稱的蒲甘。

下榻的旅館是在新蒲甘地區，也就是觀光客的聚集地，而不是千年佛塔林立的舊區。不過這不成問題，蒲甘的電動摩托車很方便，租一整天才台幣一百六。於是吃完早餐後拿了地圖，引擎一催就往舊蒲甘晃去。

我一向很被傾杞頹靡之美吸引，而蒲甘荒蕪的曠野上，隨意望去都是一座座古老的佛塔，在緬甸艷麗燦爛的陽光下，散發出古樸動人的靈氣。

即使只是挑個地圖上沒標記、也沒有遊客的佛塔走進去，都可以看到斑駁龜裂，眼神柔美的巨大佛像，慈悲地注視著每個走近祂腳下的過客。牆上的佛教壁畫，讓人想到敦煌石窟，色彩早已凋零褪去，還是能透過筆觸，感受到當時的蒲甘佛教的輝煌與虔誠。

蒲甘佛塔群約有一萬座左右，西元十一到十三世紀所建，約莫是宋朝左右的時候，全盛時期蒲甘王國，有將近兩百萬居民。

我本來不是很想第一天就去擠重點佛塔，不過將近中午的時分，剛好經過阿難陀寺，也就是以佛陀弟子「阿難」爲名著名佛寺。想說好吧，既然經過了，早看晚看都是一樣，於是停好了車，照規矩脫了鞋，走進朝南的入口。

蒲甘的佛像，常讓我聯想到清邁佛寺，都會把佛像建得非常巨大，每個進門的人都必須抬頭瞻仰，感受到巨大的謙卑與生命的渺小。

我本身不是那種見到佛像就會又磕又跪的人，可能因爲接受身心靈的思想比較多，認爲每個人內在都有神性，所以對於佛祖、神明與廟宇，雖然非常喜歡，但比較接近發自內心的景仰，而不是出於人類原始的恐懼，必須趴在地上，懇求賜予平安的敬畏。

因此我常聽到人家說，看到某尊佛祖好有感應啊，一看到馬上就會哭得唏哩嘩啦，我都煞風景地在想，只是投射吧，最近心裡的委屈和痛苦沒處發洩，被佛像觸動了開關，才藉機哭得唏哩嘩啦。

緬甸蒲甘。阿難陀寺

然而在踏進阿難陀寺的那一刻，才發現那只是我井底之蛙的見解。因爲我抬頭瞻仰佛像的時刻，眼眶馬上沒來由地開始泛淚。

看到佛像眼眶泛淚倒也不是第一次，我以爲只是被千年古佛的精湛工藝給震懾，所以感動到想哭。沒想到一低頭，眼淚馬上從眼眶滑落，一滴不夠，三滴四滴五滴，接下來數不出是幾滴了，變成兩條河流從眼眶中不斷溢出，必須小心翼翼地控制住，才不至於在人滿爲患的觀光客之中痛哭失聲。

我當下感到非常意外，怎麼了？難道我心裡有委屈嗎？好像也沒有啊，我從相對辛苦的內觀中心來到蒲甘以後，有熱水、有乾淨的現代廁所、房間安靜、吃飽睡好的，早上騎車四處看佛塔，覺得自己在天堂。當時也因爲旅行，工作休息半個多月了，所以不可能是因爲工作壓力。旅行中也只有自己獨處，不會遭遇人際關係的問題。那我，到底在哭什麼？

心裡一邊感到疑惑，身體卻不聽使喚地越哭越兇，像是有很多東西想要湧出來。最後沒辦法，我只好找了佛祖腳下，最暗最不顯眼的一塊墊子跪著，低著頭用頭髮擋住臉，假裝在跟佛祖祈禱，實際上是給自己一個機會，把該哭的分量哭出來。

在這過程中，我一直很仔細地覺察心裡到底湧出什麼，難不成有什麼痛苦和委屈這麼大，我自己卻不知道？但奇怪的是，我發現湧出來的東西完全不是負面情緒，反而是一股強勁的透澈明亮，平靜地在心裡發光。我發自內心地跟著共鳴，而身心最激烈的調頻方式，就是止不住地狠哭。

後來也不知道默默哭了多久，直到腿痠腳麻，鼻涕都垂了十公分，才開始掏衛生紙，緩一緩自己的狼狽。

原以爲人在跟佛祖很有感應的時候，會想藉機祈求點什麼。但此時的我，內心卻毫無私慾，平常總覺得自己充滿匱乏、不好、渴望，此時都盡數退卻，平靜透亮地活在當下。我抬頭看了看這尊九公尺高的佛像，最終還是問了一個問題：「要怎麼樣才能到你那個地方？」

我的意思是，要怎麼樣才能跟你一樣平靜。

「你沒有要去任何地方。」我感到佛祖回了一句很讓人玩味的話：「到那個時候，你就會在這裡。」

你沒有要去任何地方。然後我又哭了起來，我忽然想到在馬哈希內觀的時候，覺察到自己習氣裡，有一股根深蒂固的恐懼。

我一直以為我很努力，其實只是太害怕失敗時，別人會看不起我。我以為自己對人很好，其實只是害怕自己一點都不特別，所以努力討好。我以為自己很講道理，實際上是我太害怕自己是錯的，所以拚命說服別人。我以為自己懂得什麼是愛人，其實我只是希望拚命付出之後，喜歡的人才不會離開我。

我人生花了大把力氣在抓取，其實我只是恐懼，以為控制了這些東西以後，我就會得到平靜。

「當你沒有要去任何地方的時候，你就會在這裡。」

當放掉心中對於自己「不夠好」的恐懼，自然就不會激烈地想追求什麼、捍衛什麼。不會固執怎麼做才是對、不做就是不成熟、做不到就是弱者。不會逼自己抓這個、逼自己追那個。最後，連「追逐平靜」本身都放掉了，就會在「當下」。

那個「當下」，我想就是他說的「那個地方」。

我又流了好多眼淚，等終於把臉上糊成一團的黏稠擦乾淨以後，才慢慢起身離開阿難陀寺，最後在這個樹下休息，拍了張照片。

放下頭腦，放下包袱，只是靜靜地曬著太陽，感受風吹過肌膚。沒有要去任何地方，從離開寺院的當下，就開始練習。

蒲甘阿難陀寺。南面佛像，遠看像在微笑，近看莊嚴肅穆。

事後查了資料，我看到的那尊佛像，是阿難陀寺「東南西北」四個佛像中，最著名的南面佛像。透過巧妙的工藝與角度設計，遠看像在微笑，走近腳下則莊嚴肅穆（見上頁圖）。

著名是一回事，但我覺得這尊不只有名，繞了一圈看了四尊佛像之後，自覺靈氣最盛的也是這一尊，每回看他都要落淚一次。

希望有機會，你也能去緬甸遇見佛陀。

緬甸口袋名單

・大金塔・大金石・Kyauk Taw Gyi（整塊白色大理石雕刻的巨大佛像）・蒲甘王國・阿難陀寺

25 | 印度

原來我真的很雙子！在陌生國度，看見太陽星座閃閃發光

「我的星座是雙子座。」在台灣這樣自我介紹的時候，大部分的人都會「喔——」一聲，露出值得玩味的表情。

台灣人懂星座的普及率極高，小時候翻著文具店買來的手帳，最後一頁就是星座對照表。我循著自己的生日查過去，雙子座，我還不知道是什麼意思，但只要這樣自我介紹時，懂星座的人就會開始七嘴八舌地貼標籤：「喔喔，八卦王。」「聽說雙子座有雙重人格。」「你是不是很花心？」「很聰明，但是沒定性。」

其實我從不覺得自己像雙子座，不管是大眾化的娛樂占星，或是近幾年開始學習占星學，要精準地用出生時間、出生地點打星盤，看十顆行星的宮位、相位，也真正去了解每個星座的本質，知道平常說自己是雙子座，只是「太陽在雙子座」，其他九顆星可能在不同位置，發揮不同的能量。但我還是常常有個疑惑：「我像雙子座嗎？」

直到一次去印度的經驗，我才恍然大悟——原來我真的超像雙子座，只是在原本的環境裡看不出來。

＊　＊　＊

我第一次去印度，不是去大家熟知的德里、孟買，而是位於南印度的哥印拜陀。那裡有一間瑜伽中心，我整整待了超過一個月，爲了修行和上課。那個瑜伽中心雖然廣爲人知，但細部中文資訊並不好找。我也是因緣際會認識了朋友，請教了很多問題，揪團找伴之後，才終於鼓起勇氣踏上旅途。

然而明明是我心中的夢想之地，到了瑜伽中心頭幾天，我卻感到極深的挫敗——園區不大不小，但已經足夠新手迷路。想要報名什麼活動，不知道要去哪裡報。好不容易找到地點，工作人員一下要我們找這個人、一下要我們去問後面的誰、一下又拿出不同版本的報名表，要我們現場重塡。有些活動可以刷卡、有些又只能付現。儀式有些要先報名、有些又可以在那直接繳費。

每個儀式、廟宇、商店、餐廳都有自己的流程，而且沒有明確寫出來，都是工作人員一個一個口頭指示，每個人的標準還常常不一樣。因此第一次來的不用說是外國人，就算是在地人也常會碰壁。糟糕的是我幾乎聽不懂印式英文，連最簡單的問題都要翻來覆去問好幾遍。而印度工作人員不像台灣一樣親切委婉，常常對方開始不耐煩，臉皮薄的我只能先面紅耳赤地走一步算一步。

那時候我的生存之道，已經變成：「先看別人怎麼做，做錯等被罵就知道了。」對於自尊心很高、從小非常害怕丟臉的我，這是一件很痛苦的事。

但是一周過去、兩周過去，慢慢地，事情出現奇妙的轉變。

除了被糾正一百次之後，終於對於「一般人都該知道」的事情熟門熟路，還有「很多人都不知道」的神奇資訊，也慢慢從不同管道匯集到我手上。

好比說，某個廟宇在特定日期，可以報名一種很特別又有趣的儀式。某幾個地方雖然很少人去靜坐，但其實能量超級強。想要喝一種在地特殊的飲料，可以去哪裡找。某一攤的冰淇淋特別好吃，薯條要吃某一家，但要跟他說不要美乃滋。生病了想看醫生，阿育吠陀醫生怎麼約、西醫怎麼看我都知道，還能告訴你怎麼用摩托車快遞拿藥。這裡竟然可以預約療程按摩？什麼時候約、要怎麼約，我都可以告訴你。噢，你說現在才想要參加某個儀式，但是沒有先預約排不上？沒關係，我知道要怎麼候補，跟我來。

我的波蘭室友說：「太強了吧，你怎麼都知道這些，簡直是小型的資訊中心。」我的台灣朋友已經先回國了，事後知道這些超級扼腕：「這麼重要的資訊，怎麼我在時都沒人告訴我啦！」

而我也是在收到這樣反饋時，才赫然發現：「對耶，為什麼很多人都不知道這些事，但我卻知道？」明明一開始，我也是那個什麼都不知道，一直撞牆的人，怎麼才經過兩個禮拜，忽然變成可以帶新朋友導覽、知道很多別人都不知道的消息？這些消息都是哪裡來的？

我開始回溯這兩個禮拜，想到當時因為極度缺乏資訊，經常感到焦慮不安。那陣子遇到任何語言能通的人，我都是這樣開啓聊天的：

「你知道今天晚上有那個活動嗎？我上次錯過，這次終於報到了！聽說另一個活動也很棒，你有報嗎？」、「你上次是不是說想去尼泊爾？跟你說，我之前去過，你記得要辦當地的 SIM 卡，你就可以如何如何⋯⋯。」

其實乍看之下就是一般的聊天，但我在交談時，會無意識地攜帶強大的「情報交流」的意念。而這份交流也不只是我單方面「索取」，甚至也常常是「分享」對方需要的訊息。幾句之後對方也覺得要投桃報李，告訴我他手上重要的資訊；

或單純感受到我喜歡蒐集資訊，於是順口告訴我一些「他認爲我會喜歡的事情」。於是我的資料庫，就開始被灌注了各種稀有寶藏。

而會想在新環境大量獲取資訊，正是「雙子」的本質在強大地運作。雙子在占星學上的能量表現，就是「信使（Messenger）」，也就是傳遞資訊的通道。這股能量使用得不好，遇到人只想說三道四、挖掘隱私，確實可能變成「八卦王」。但如果發揮在正確的地方，就會變成「人形資料庫」，能夠蒐集大量珍貴的情報，也能夠傳遞訊息給需要的人。

占星學說，太陽是星盤裡的發光體。太陽星座之所以這麼重要，也是因爲一個人的靈魂，會渴望活出太陽星座的樣子——我在印度，第一次感覺到雙子的能量如此強烈，在我身上閃閃發光。

但是爲什麼我在台灣，卻從來沒感覺過這種能量呢？我仔細思考這一點，歸納出兩個可能性：

第一、我的工作，一直都是「信使」

以前我一直都不懂，有什麼最新消息或八卦，自己都是最後一個知道的，每次都被別人取笑，到底哪裡像「消息靈通」的雙子座？

但其實仔細回想我的工作，一直以來都滿足了「信使」的本質——以前當國外業務，將國內廠商和國外買家對接，撮合彼此的需求。雙方如果有不滿意，作爲中介的我們，也用圓融恰當的方式傳達給彼此，這是一種「信使」。

而成爲心靈作家後，我也一直在把一般人覺得很高深難懂的靈性知識，用很好讀又生活的方式寫出來，這也是一種「信使」。

當我在生活中，已經大量使用這種能量，還是用在正向的、對人有幫助的地方，自然對於「誰和主管有地下情、誰其實是老闆的親戚、最近什麼明星又被拍到外遇」，這類的「資訊」毫無興趣，因此自動成爲絕緣體，看起來就一點也不像「雙子座」的典型標籤。

你也覺得你不像自己的太陽星座嗎？也許不是你沒發光，或許是能量已經用在更滿足的地方，才會看起來不像「大眾典型」的印象。

哥印拜陀。在印度餐廳很愛吃的組合：水果盤、起司三明治、開心果奶昔

第二、在陌生的地方重新開始，因此更加強大地發光

我在台灣時，沒有特別感覺自己有「資訊焦慮」（很愛滑手機不算）。常常大家都在追什麼劇、議論什麼時事、支持什麼國際比賽，我常常都是一問三不知的邊緣人，但我完全不在乎，沒有跟到風也不覺得如何。

但現在想想，那是因爲不知道這些事，並不會影響我的「生存」——我日子照過、文章照寫、講座照辦，自然不認爲需要這些情報。但是來到印度就不一樣了，那是徹底陌生，什麼都要從零開始的環境。語言溝通困難，一個資訊不知道，被斥責是小事，但很有可能錯過寶貴的知識或修行機會，甚至連好好點餐都沒辦法。

就像把一株植物直接拔起，扔到完全陌生的土壤中，要它自己重新長出根。當植物遇到這樣的挑戰時，會爲了生存下去，而爆發旺盛的生命力。

我在印度遇到挑戰時，重新長出根的方式，就是讓太陽星座強大地發光。因此平常在台灣有點內向的我，在印度遇到可以溝通的人，會站在路邊嘰哩瓜拉，交換足足半小時的訊息。因爲雙子座的能量正在努力運作，讓我在異地可以迅速長出力量。

而題外話，如果不是太陽在雙子的人，同樣被丟到陌生環境，他可能會做出

什麼樣的事呢？這邊分享一個我聽過的故事。有一位太陽在巨蟹的朋友，就曾經說過：「我到一個陌生的地方，只要能去那邊的市場逛逛，買些在地的食材，回家好好煮一餐，就覺得安心了。」

巨蟹座和「食物」一直很有關係，你看，這位朋友在陌生異鄉重獲生命力的方式，是不是就和雙子座很不一樣呢？

從來沒有看過自己這一面的我，透過離開自己的土地後，才發現自己眞的「很雙子」。

你體驗過自己的太陽星座發光嗎？不管你相不相信占星，我們都希望能找到自己發光的樣子。

下次旅行的時候，留意在異地特別閃耀的自己，或許那個版本的你，就是太陽能量正在發光哦！[7]

---

7. 在占星學裡，有所謂的「換置盤」。當一個人移居其他國家的時候，因為經緯度的改變，星盤裡的星座不變，但宮位會變化。因此可能在原本的國家，某些行星的能量不易發揮，換個城市發展，就變成容易展現。當然，有些課題原本不強烈，也可能會因為換個國家，而變得更加明顯。而我在印度，能夠容易看見太陽雙子的能量閃閃發光，也是「換置盤」帶動的效果哦！

26 印度

摘下「好可憐濾鏡」，釋放被內耗綁架的自己

在印度上閉關課，其中一個規則，就是在特定時間「禁語」。不只不能講話，也不能眼神交流、打手勢、不能看書寫字用手機。目的是要讓我們屏除雜訊，全然地和內在相處。

禁語對我來說沒有問題，在不同的修行系統裡，我都遇過這樣的規定。老師還發給每位同學一個牌子別在胸口：「大家看到牌子，就知道你現在是在禁語狀態，不會有人主動跟你講話。」「如果還是有人跟你講話，你就直接走開。雖然好像很奇怪，但沒有關係，以後換成他上課，他就會明白禁語是什麼。」

我別上牌子，心裡想：才不會有人跟我講話呢，我看起來就是個外國人，語言不通又搞不清楚狀況，怎麼會有人主動找我？

然而人就是不能鐵齒，「課題」就是在你覺得不可能的時候出現。

某天還在禁語時段的我，剛練完早晨的瑜伽，背著包包要去洗手間。剛走出大殿，就有一位看起來不是學員的印度大叔，背著瑜伽墊朝我走過來，誠懇地雙手合十問道：「不好意思，請問我可以在這裡練瑜伽嗎？」

我當場傻住三秒鐘。不是，老師不是說大家看到牌子，就知道我在禁語嗎？我的牌子在胸口這麼明顯，這位大叔怎麼還會跟我說話？手足無措的我，一時也不敢打破規定，只能指了指胸口的牌子，希望他自己明白。

但大叔顯然不明白，可能是第一次來瑜伽中心，或是沒上過需要禁語的課。他又誠懇地看著我，合十重複一次問題：「我想練瑜伽，請問裡面可以練瑜伽嗎？」

這下我真的慌了，我不想打破規定，但是大叔的態度非常眞誠謙恭，看起來就是一個想找地方好好練習的修行者。我明明知道答案，卻不能回答他，如果照規矩來，我現在必須無視他的請求，轉頭就離開現場，我非常確信我無法拒絕這樣的眼神。

電光火石的那幾秒，我想到過去也因爲不懂禁語規定，開口向一位練習者問問題。那位練習者沒有說話，但可能也不忍心推開我，就比了比自己，摀著嘴巴以後低頭離開，那一刻我就明白了：他現在是不能說話的。

我想起了這件事，於是也仿照了那個動作，指了指胸口牌子，接著摀住了嘴，再誠懇地合十回禮。那位大叔馬上明白了，誠惶誠恐地道歉，背著瑜伽袋子繼續往前走。當下我似乎鬆了一口氣，卻也瞬間有股罪惡感湧上心頭，但是又不知道該怎麼辦，只能暗自祈禱有工作人員能幫助他。

上了洗手間回來，下一堂課沒過多久就要開始。我回到大殿準備靜坐，突然又抬頭看見遠方有個熟悉的身影閃過。原來那位大叔還在找路，東張西望的神色比剛才更慌，可能一直找不到人問問題，只能一直抱著瑜伽墊到處碰壁。

那一瞬間，我強烈感覺胸口刺痛起來，眼眶很快就濕了。當下差點想打破規矩，直接衝過去跟他說，這邊是閉關課的場地，沒有開放練習，你可能要另外找地方哦。（至於他不是學員爲什麼能進來？因爲場地門沒關，大叔可能是在找地方練習，路過聽到裡面有練瑜伽的聲音，才會抱著希望進來問。）

但沒有，我沒那個膽在大庭廣眾面前打破禁語，只能逼自己低下頭，消化心中那股刺痛和淚水。但同一時間這股強烈的情緒，也勾起了我的好奇心——我到底爲什麼會這麼激動？

打從進瑜伽中心以來，我大部分的時候都是平靜而喜悅的，連負面的想法都很少有，更不用說會有激烈的情緒。但是爲什麼，這個大叔只跟我講過兩句話，卻會勾起我內心劇烈的疼痛？

我閉上眼睛，做了幾個深呼吸，像旁觀者一樣仔細覺察內在，發現內心一直在哀哀細語著：「好可憐、好可憐、好可憐……」啊，是啊！我覺得那位大叔好可憐，明明是一位這麼誠心的求道者，他只是想好好練瑜伽，卻在過程中四處碰壁，只能無助地到處問答案，找一塊地方收留他。你看他那個慌亂的背影，好可憐，眞的好可憐。

當我聽完內心這一段獨白的時候，同時也浮起一個疑問：「這是眞的嗎？你確定才跟他相處十幾秒，就這麼了解他？」對啊，爲什麼我擅自編了一個「好可憐」的故事給他，然後再讓自己揪心到泛淚？

搞不好事實是，那個大叔根本沒感覺，反正印度人本來就常常規矩混亂，他們常常聳聳肩就算了，也不覺得自己被驅趕或浪費時間。

又或者，就算大叔眞的有感到慌亂和受傷，但爲什麼我只能用「好可憐」的視角去解讀呢？有沒有可能換個方式想：「大叔他第一次來中心，搞不清楚狀況很正常，大家都是這樣嘛！幾次之後他就習慣了，搞不好未來還會笑自己，竟然闖到別人上課的大殿呢！」

這樣解讀也是另一種事實，而且會把別人的「可憐」轉化成「體驗」，內心也舒坦得多——但，爲什麼我一開始不會往這方面想呢？

答案呼之欲出，因**爲我就是一個長期戴著「好可憐濾鏡」的人，不只看別人，同時也總是這樣看自己**。

我時常覺得，自己內心像住著一個孤兒，可憐巴巴地等著別人抱抱我、愛我、可憐我。我要很努力地討好，才能夠被接納；而這個世界不要我，是理所當然的。

當我總是覺得自己被排擠、被遺棄、不被接納、等著別人拯救我，自然也很容易用這樣的視角，去投射在別人身上。

於是那位抱著瑜伽墊，誠懇地尋求幫助的大叔，就被我當成「這麼努力的求助，卻都沒有人要幫他」的可憐人。我在他身上投射了內心滿滿的無助，就像看到像個孤兒般的自己，於是湧出了強烈的傷痛。

而且更自責的是，我當下竟然沒幫忙，還狠心推開他，我同時就成了推開孤兒的「加害者」，自然非常內疚，就像推開了自己一樣。

我在內心演出了一場戲，爲自己製造了痛苦，還入戲到在角落泛淚——從頭到尾，我以爲我是心軟慈悲，實際上只是在可憐自己。

於是我跳脫出來，在內心和自己對話：「你只跟那位大叔交談兩句話，看過他幾眼，這些可憐的感覺都是你想像的，很可能根本不是事實。」「就算是百分之百的事實，而且他也確實很慌張，但他並沒有實質上的受到傷害，不需要眞的這麼難過，甚至想開口打破規定。」

接著練習調整視角，跟自己說：「大叔也是在試著習慣這裡，一開始很挫折很正常。但是只要他有心，遲早會找到地方練習，這件事也會變成他跟別人說笑的體驗，沒有問題的。」情緒這才慢慢平靜下來。

* * *

然而根深蒂固的課題，光只練習一次，當然不足以完全摘下「好可憐濾鏡」。從印度結束修行回台灣，我很快又遇到一次考驗。

當時的我，剛收養了一隻橘貓，個性非常討喜又黏人，大大的眼睛相當惹人憐愛。第一次養貓的我就像個新手媽媽，整天繞著她轉，擔心她餓了、累了、吃得不夠或吃得太多，還會敲計算機，精準計算她今天攝取多少熱量，捧在手上像個寶貝。

但是有一天，我在該放飯的時候臨時有急事，沒辦法準時回家，身邊能幫忙的人也剛好不在，於是變成要讓愛貓多餓幾小時。客觀來說，這件事並不嚴重，她上一餐吃得很飽，平常身體也非常健康，秤起來還斤兩十足。再說她之前當浪浪的時候，也常常兩三天沒飯吃，還是中氣十足地喵喵叫，兩三小時的罐罐延誤，眞的是小事。

然而「好可憐濾鏡」一旦戴上，就不是這麼簡單的事。我腦中不斷想像著愛貓餓著肚子，等不到主人回來，可憐地喵喵叫又孤單的樣子，心裡就非常難過。很想讓手邊的事情快點結束，但那件事同樣也很重要，完全急不得。就這樣我整個人呼吸大亂，內心揪得好緊，整個人快哭出來，一直在心裡拚命想著：「寶貝不要怕喔，媽媽馬上回去，很餓對不對，等一下就餵你吃飽飽。」

當下還一邊焦慮地問ChatGPT，愛貓這樣會不會有事。當然ＡＩ很客觀地跟我說，這樣的程度不會造成傷害，然後建議我以後可以買自動餵食器。我下一秒就立刻上網下訂，請賣家用最快的方式送來，絕對不願意未來讓愛貓再餓一次肚子。

好不容易終於衝回家，第一時間就去開罐頭，一邊喊著她的名字，一邊倒進碗裡給愛貓吃。結果愛貓看起來才剛睡醒，一臉慵懶地出現，喵喵叫了幾聲，才開始胃口很好地吃晚餐。看起來的確是餓了，但完全沒有我想像中那麼嚴重，我又擅自把「可憐孤兒」的幻想套在愛貓身上，內心演得很起勁，把自己折磨得筋疲力竭。

課題總是這樣反反覆覆的，不過這次我並不氣餒。下一次遇到類似的事，我就知道了：只要強烈的情緒出現，就要提醒自己：先拿下「好可憐濾鏡」——不管這件事嚴不嚴重。

因爲如果嚴重，那更需要的是趕快處理，不是陷溺在「好可憐」的情緒，反而還會讓事情無法冷靜應對。如果不嚴重，那更不需要在心裡演一齣戲。練習換個視角去解讀，把自己和對方從「好可憐」的角色中解放出來，才能停止內耗，守住珍貴的心靈能量。

修行不只是在瑜伽墊，也是在每個有情緒起伏的當下。謝謝印度大叔和我的愛貓，幫助我釋放被內耗綁架的自己。

在瑜伽中心生病，醫生開處方後還可以用機車快遞買藥。

27 | 印度

斷食日：頭腦乾淨的時候，身體知道答案

在我修行的瑜伽系統裡，提倡每個月兩天的「斷食日」，分別是滿月或新月前的第四天。斷食日沒有強制性，只是鼓勵修行者在這個特殊日子不進食，直到日落之後才吃晚餐。這會對身體淨化和靈性進展，有加倍的好處。

我在台灣一向都沒遵守斷食日，原因很簡單，因爲做不到。我一餓就會胃痛、頭暈、呼吸緊湊，整天都會心浮氣躁。所以即使知道有斷食日，我當天都還是照常吃，頂多吃得比較清淡一點。

待在印度瑜伽中心的某一天，我在閉關課的群組上收到一則的訊息，大意是：「明天是一年之中最重要的斷食日，這天斷食會特別有益處。」「但是如果同學們選擇要吃的話，我們還是會提供，請在下方點選，告知你是否要用餐。」

瞬間上百位同學按了"No, I will fast."（不，我要斷食），而我則毫不考慮地按下"Yes, please."（是的，我要用餐），但總共只有寥寥二十來人。第一時間覺得有點汗顏，但沒辦法，整天不吃飯，我眞的辦不到，請給我食物。

當時在印度已經待了一段時間，對中心提供的瑜伽飲食新鮮感褪去，日復一日吃糊糊爛爛的食物，內心感到很厭膩。尤其一天只提供兩餐，整個下午都沒有東西吃，無法忍受嘴饞和飢餓的我，經常會跑到外面餐廳吃咖哩、烤餅、甜點、冰淇淋，甚至炸薯條。

直到斷食日前一天，我還買了一包蘇打餅放包包。傍晚走在路上太餓，我連晚餐都等不及，就坐在路邊把手伸進袋子裡，連剝了兩片蘇打餅塞進嘴巴，再咕嚕咕嚕地喝水，才勉強暫時止飢。

「每天都像個餓死鬼一樣，怎麼可能斷食啊？」我無奈地笑搖了搖頭想，把水壺塞回包包。

然而在聖地修行，跟在家裡就是不一樣。那天太陽下山之後，剛結束一輪修行的我，本來計畫要去找間餐廳大吃，此時突然感覺不到飢餓。第一時間我還很詫異，甚至有點不甘心——我本來打算要吃優格脆球、炸咖哩餃、再來支玫瑰冰棒啊！剛剛不是才餓到在路邊就剝餅乾狂吃嗎？本來不是還喜孜孜地在心裡點餐嗎？為什麼靜坐完突然就不餓了！

甚至我還想刻意忽略身體的訊號，逼自己去吃飯。但我很清楚，「想吃」只是「頭腦不甘心」，並不是真的「身體飢餓」。我一直都很遵照「對勁感」在行動，如果一件事情我覺得不對勁，表示頻率和我不合，我就會盡可能不做。而如果一件事情感覺「對勁」，即使當下看似不合理，我也會盡量去試試，而結果通常都是好的。

對當時的我來說，「不吃」雖然不合理，但卻非常「對勁」；反而一想到「去吃」，身體竟然湧上強烈的排斥。好吧，那就不吃吧，反正少吃一餐也不會怎麼樣。此時我忽然想到，或許因為這段時間高強度的修行，身心能量都變得乾淨，因此第一次能夠敏銳地接收到「斷食」的訊號，身體自動進入「不需要食物」的狀態。

隔天是真正的斷食日。我照舊凌晨起床，完成數小時的梵唱與瑜伽，接著在用餐時間到來，發現還是不會餓——正確來說，我可以感覺到「空腹」，但那個訊號傳遞到大腦時，大腦卻不會解讀成「飢餓」，因此完全不會想吃、也不會痛苦。明明一整天只有喝水，身心卻異常地純淨透亮。

最後我總共超過二十四小時沒有進食，還完成另一個耗時超過四小時、強度非常高，對我來說將近苦行的修行，卻奇蹟似地有力量支撐下去。而那股幫助斷食的助力，也在日落之後，慢慢從我身上褪去，我又開始想吃飯了，這是後話。

即便如此，我個人倒也沒有特別鼓勵斷食。之後回台灣如果做不到，我也不會勉強。斷食不能代表一個人境界比較高，沒斷食也不代表修行不夠好。我只會說，它是一個很好的修行助力，如果做得到，那很好，做不到也不要勉強。

不過我在這二十四小時的斷食經驗裡，確實非常清晰地感覺到：「當頭腦乾淨的時候，身體知道答案。」

第一、那些很辛苦的事，其實身體喜歡

我其實是一個很不喜歡吃苦的人，在《覺察情緒，好好生活》[8]這本書裡，我就寫過自己其實毫不自律，但爲什麼別人覺得我很自律？是因爲我知道，怎麼用「覺察」找到自己的弱點，從而對症下藥，自然能輕鬆地重回軌道。

但正因爲我不喜歡吃苦，在練瑜伽和呼吸法時，我很喜歡「偷吃步」——反正都是有做嘛！用個七成力做得差不多就好。手一定要伸這麼直嗎？稍微鬆一點比

較不累嘛。這個姿勢很酸耶，稍微放低一點比較舒服啊。呼吸幹嘛一定要吐納得這麼飽滿，這樣時間很久耶。做快一點，秒數比較短，最後還是有做完啊！」

我的身體天生比較僵硬，小學時彎腰就已經沒辦法摸到地板，練瑜伽時更是比別人辛苦。雖然每個瑜伽老師都說：「沒關係，盡力做到最好就行。」我還是習慣在摸不到地、腳抬不起來的時候，輕易地放自己一馬：「沒辦法，我就是天生比較硬嘛！」

但是在斷食日的這天，我對能量的感受變得非常敏銳。一個動作如果只用七成力，以爲這樣比較輕鬆，卻會感覺到能量卡頓，無法舒張的阻塞感。但當我用了十成力、盡可能把動作做到最好，即使還是碰不到地，能量卻會延展地非常漂亮，在經絡順暢流動，大幅清理掉阻塞。

練呼吸法的時候也是。呼吸不飽滿，很明顯就感覺濁氣清不掉。而好好地、慢慢地深呼吸，胸口鬱結的氣，就會隨著吐納大量釋放。當我把這些練習一一認眞做到位時，才發現那些很辛苦的事，身體其實很喜歡。我們平常以爲偷懶很舒

---

8. 有鹿文化出版（二〇二四年一月）

服，其實根本不是身體想要的。

相反的，我也觀察到有些事，我們很常做，身體其實不喜歡。例如翹腳，平常覺得這樣做很舒服，但當身體夠敏銳時，會感到能量卡得很緊，反而不如好好地端正做著，能量才會走得順。

而一整天下來，我不只觀察到這些「身體喜歡」的事，也發現一些「身體不喜歡」事，背後是有原因的，也就是接下來第二點。

第二、養生法則，和飲食文化與生活習慣息息相關

在台灣看中醫，很多人被耳提面命：「水果生冷，不要多吃。」而減重醫生也常常告誡患者：「台灣水果糖分很高，要挑著吃，也不能多吃。」

但是在印度的瑜伽系統裡，經常會鼓勵修行者「多吃生食、水果、喝果汁」，對靈性修行有好處。在瑜伽中心，也經常看到有人只吃水果沙拉當一餐。

以前接觸到這些貌似互相牴觸的資訊時，心裡覺得很無言。這幾個系統的養生法則，爲什麼完全不一樣？而我不喜歡吃生食和水果，是不是修行就不夠到位？

直到這次來到印度，我才發現所謂的「養生法則」，跟飲食文化和生活習慣

脫不了關係。在瑜伽中心，我每天都在吃富含辛香料、又煮得糊糊爛爛的食物，內容也幾乎都是餅、飯、綠豆搭配各種湯和醬，口味很重，還超級容易消化。

如果平常主食是這樣，那吃生食和水果有什麼問題？給我一條生的小黃瓜，我都會立刻啃乾淨，身體還會覺得非常舒服——此時的印度雖是冬天，氣溫卻還是很熱，加上乾燥、又吃大量辛香料、每天還會走將近兩萬步。即使我這種在台灣胃弱又身體寒濕的人，在印度吃生食都能毫無負擔，還感到滿滿的生命力。

我在瑜伽中心沒機會吃到生菜，倒是吃了很多水果。在台灣我很少吃水果，在這裡卻都直接拿兩份，很酸的橘子也津津有味地吃完兩顆，短胖的芭蕉至少拿兩三根起跳。以前很少吃西瓜，在那邊則抱著一大片啃到剩白色的皮，好平衡辛香料的重口味和熱。

在台灣我也完全不喝果汁，來印度卻天天跑果汁舖，買不加糖的現打果汁，喝下去身體清涼回甘，滿滿的滋養富足。

而回到台灣，馬上面臨台北盆地的寒冷、潮濕，加上冬季缺乏陽光和大量運動，身體很快進入又寒又濕的狀態。而最重要的是，台灣日常的飲食習慣，並不像瑜伽中心這麼好消化，胃的負擔變得很重，吃生菜和水果的慾望立刻歸零。

於是我釋懷了。我眞心同意生食、水果、甚至冷水澡，都對身體巨大的好處。因爲我在印度的時候，確實親身體驗過，也從中感受到活躍飽滿的能量。

然而一旦離開那塊土地，等於拔除那樣的氣候、飲食、生活習慣，同樣的養生法則，就不見得那麼容易執行。於是我不再用「不夠努力」來質疑自己，而是問問自己的身體：「這樣做，你感覺怎麼樣？」

當頭腦安靜下來的時候，身體其實知道答案。

當我們不再用別人的話，強迫自己遵循。而是放下頭腦，好好地回歸感覺——如果覺得適合，就試試：如果覺得不適合，就先放著。也許幾次下來，我們會認同這個道理、也可能推翻這個道理，都無所謂。

至少那個答案，會是我們身體眞正認可的，那就夠了。9

9. 因為都待在瑜伽中心，印度系列沒有口袋名單。

每次做完女神廟的儀式，氣色都會變得非常溫柔。

後記

是旅行，也是修行

這本書裡的旅行文章，前後橫跨了二〇一八年到二〇二五年，一共近七年的時間。

書寫過程我感到意外，沒想到前前後後，我也走過了這麼多地方，經歷多到一本書塞不下，只能忍痛取捨。

在這本書的前言〈歸巢儀式〉裡，我寫道：「**旅行，是我從泥沼中跳脫，旁觀自己的機會。**」回想當時的我，對於「旅行」的心態是矛盾的。我迷戀在旅行中，那個勇敢、不在乎、隨遇而安的自己。但旅行歸來，我又眷戀原本生活的舒適與熟悉，因爲那安撫了我破碎的安全感。

然而時間久了，我又會開始厭倦窩在舒適圈，討厭不快樂、充滿控制欲、日復一日的乏味生活。於是又意圖透過出走，把自己拋進陌生的地方，徹底掙脫一切。

你說，這有什麼問題嗎？人生本來就是日子過膩了，才想透過旅行轉換心情，這很正常吧？

但對我來說，卻不是這麼簡單。**眞正核心的問題是：「我好像從來沒有滿足過。」**我反覆地出走，是因爲在一個地方不快樂，就逃去其他地方；然後在那個地方讓我不快樂之前，趕快逃回舒適圈，開始享受安逸，直到下一次不快樂。

我不想再這樣下去，一直逃走的人生，我已經覺得累了。

於是對剛開始的我而言，旅行是一種人生的出逃。但對後來的我來說，旅行是想找到方法，讓我能安頓在當下。

而這七年來，我覺得，我好像找到了。

確切來說，不是眞的「找到了」什麼。而是每一個遇到的人、每一次遇到的事、每一處看到的風景，都讓我找到「安頓」的一小塊拼圖。

當我覺得台灣很無聊時，我想到在仙台的鄉間小車站。明明沒什麼大景點，我卻逛得很開心，這啓發我回台灣之後，學著在故鄉活出旅行的姿態，到處探索在地景點與小店，把日子過得有滋有味。

當我感覺自己很孤單、和人失去連結時，我會想起在馬祖東莒，那座島民把我當成自己人的日子。於是會主動去找朋友見面，和不熟的人多聊兩句，哪怕只是微笑對牽著狗的鄰居說：「你的柯基好可愛唷！他現在幾歲呀？」都能讓對方和自己的心，暖上好幾分鐘。

當我遇到物質條件不佳的環境，以前會馬上想逃走，現在我可以對自己信心吶喊：「我去過緬甸、尼泊爾，還有印度！我跟上百人一起睡過大殿，坐在滿地螞蟻和蒼蠅亂飛的地方用手吃飯，這種小事怎麼可以難倒我！」

當我又迷失在跟別人比較、擔心輸給別人而焦慮時，我會想起自己在台中，遇見過「想要的生活」的模樣。於是很快就能調整自己，把目光安放回眼前的道路。

當朋友為了別人的無禮行為跳腳，覺得「這也太不衛生了吧！」「這樣講話超級沒禮貌的！」而大動肝火，以前的我也會跟著生氣，現在竟然可以輕鬆面對，因為「這在其他國家太常見了，小意思」。

以前的我身體和心靈都脆弱，加上是高敏感人，遇到什麼都易碎，於是躲在自己的世界裡，把自己保護得很好，不敢輕易出來。

但是踏上旅行，就像世界拿起一把槌子，把我滿身的弱點敲碎了。過程中雖然很痛，但附帶滿滿的新鮮、驚喜、快樂、成就感。這樣揉雜而成的養分，從傷口餵養出新的血肉，讓我變成堅固而強韌的新生命。

曾經我以爲，「自由」與「安全」，是兩種互斥的狀態。後來才明白，眞正的自由，是在任何地方，都能找到內在的安適。

於是現在的我，好像不需要逃了。旅行時，我有能力帶自己去開心闖蕩，玩到像個還沒畢業的大學生；也有能力在遭遇生病、疲憊與不安時，用照料身心的能力安頓自己。

回到家裡，我也能守著日復一日的生活。該運動就運動，該買菜就買菜，練完瑜伽寫完稿，就去洗衣打掃。做完諮詢工作就去清貓沙。

以前很愛抱怨台北潮濕陰冷，能量緊繃，活得透不過氣。現在台北依然如此，但我已經不抱怨了。打起傘裹緊外套，穿上不會濕的靴子，依然有生命力走長長的路，哼歌去買紅豔的草莓。

我開始有能力在任何地方都活得自由，在任何地方都能活得身心安適。

我在旅行中修行，收穫了這些禮物。

而我相信你也可以。

柚子甜

我的旅行日記

我的旅行日記

VU00289

不只是旅行：把每一次上路，走成一張內在地圖

作　　者　柚子甜
主　　編　林潔欣
企劃主任　王綾翊
美術設計　比比司設計工作室
內頁排版　徐思文

總 編 輯　梁芳春
董 事 長　趙政岷
出 版 者　時報文化出版企業股份有限公司
一〇八〇一九　臺北市和平西路三段二四〇號三樓
發行專線　（〇二）二三〇六—六八四二
讀者服務專線　〇八〇〇—二三一—七〇五
（〇二）二三〇四—七一〇三
讀者服務傳真　（〇二）二三〇四—六八五八
郵撥　一九三四四七二四　時報文化出版公司
信箱　一〇八九九臺北華江橋郵局第九九信箱

時報悅讀網　http://www.readingtimes.com.tw
法律顧問　理律法律事務所 陳長文律師、李念祖律師
印　　刷　勁達印刷股份有限公司
一版一刷　二〇二五年七月四日
定　　價　新臺幣三百八十元
（缺頁或破損的書，請寄回更換）

時報文化出版公司成立於一九七五年，並於一九九九年股票上櫃公開發行，於二〇〇八年脫離中時集團非屬旺中，以「尊重智慧與創意的文化事業」為信念。

不只是旅行：把每一次上路，走成一張內在地圖 / 柚子甜著 . -- 一版 . -- 臺北市 : 時報文化出版企業股份有限公司 , 2025.07
ISBN 978-626-419-577-5(平裝)
1.CST: 旅遊文學 2.CST: 世界地理 3.CST: 人生哲學
719　　114007302

ISBN 978-626-419-577-5
Printed in Taiwan